„In allem tritt Gott uns entgegen“

Romano Guardini – Quellen und Forschungen

Band 3

Karl-Heinz Wiesemann / Peter Reifenberg (Hg.)

„In allem tritt Gott uns entgegen"

Zum 50. Todestag von Romano Guardini

Matthias Grünewald Verlag

VERLAGSGRUPPE PATMOS

PATMOS
ESCHBACH
GRÜNEWALD
THORBECKE
SCHWABEN

Die Verlagsgruppe
mit Sinn für das Leben

Für die Verlagsgruppe Patmos ist Nachhaltigkeit ein wichtiger Maßstab ihres Handelns. Wir achten daher auf den Einsatz umweltschonender Ressourcen und Materialien.

Bibliografische Information der Deutschen Nationalbibliothek
Die Deutsche Nationalbibliothek verzeichnet diese Publikation in der Deutschen Nationalbibliografie; detaillierte bibliografische Daten sind im Internet über http://dnb.d-nb.de abrufbar.

ein Unternehmen der Verlagsgruppe Patmos
in der Schwabenverlag AG, Ostfildern
www.gruenewaldverlag.de

Umschlaggestaltung: Finken & Bumiller, Stuttgart
Druck: CPI – buchbücher.de, Birkach
Hergestellt in Deutschland
ISBN 978-3-7867-3170–2

Inhalt

Einleitung 7

Karl Kardinal Lehmann
Romano Guardini und Mainz (1885–1968)
Skizze einer schwierigen Geschichte 13

Bischof Karl-Heinz Wiesemann
Die Grenze als Ort der Gottesbegegnung
Romano Guardini als Grenzgänger und Schwellengestalt 27

Peter Schallenberg
Deus caritas est – Von welcher Liebe ist die Rede?
Ein Spannungsbogen von Romano Guardini zu Joseph Ratzinger 37

Jean Greisch
„Unser Leben: welch ein seltsames Ding"
Romano Guardinis „Der Herr" und die zeitgenössische Phänomenologie 49

Marius Reiser
Die Gestalt Jesu bei Romano Guardini und der historische Jesus 71

Hanna-Barbara Gerl-Falkovitz
Christologie als Ideologiekritik
Zu Guardinis Zeitdiagnose im „Herrn" 93

P. Kosmas Lars Thielmann OCist
Romano Guardini als Mystagoge
Bemerkungen zur geistlichen Lektüre des „Herrn" 111

Peter Reifenberg
„Halte mein Herz wach ..."
Ein Blick auf Romano Guardinis „Theologische Gebete" und deren gedankliche Voraussetzungen 117

Nachweis der Erstveröffentlichungen 141

Autorenverzeichnis 143

Papst Franziskus
in tiefer Verehrung
gewidmet

Einleitung

Wenn wir uns in diesem Jahr zweier denkwürdiger Daten im Leben Romano Guardinis in Akademietagungen, Seminaren und Gedenktagen erinnern, dann geschieht dies nicht, um wehmütig vergangene Zeiten heraufzubeschwören, um zu sagen, dass heute alles sehr viel schlechter sei als früher, sondern durch die Hilfe eines der wirkmächtigsten Grenzgänger und Schwellengestalten (vgl. Bischof Wiesemann) unserer Kirche durch eine lebendige Tradition für unseren eigenen Glauben wirksam werden zu lassen.

Vor fünfzig Jahren, am 1.10.1968, verstarb der große Theologe und Religionsphilosoph, der in Mainz das Abitur absolvierte und im Priesterseminar aufgenommen wurde (vgl. Kardinal Lehmann). Vor 100 Jahren erschien sein epochemachendes Werk „Vom Geist der Liturgie", das gleichsam die bedeutsame Schriftenreihe „Ecclesia orans" durch den damaligen Abt von Maria Laach, Ildefons Herwegen, eröffnet hatte, Generationen prägte und bis zum heutigen Tage an Frische nichts verloren hat. Damals stand die Liturgische Bewegung erst in ihren Anfängen und schon gab Guardini ihr eine bemerkenswerte Vertiefung aus einer gründlichen religiösen Besinnung heraus. Es war der Schritt Guardinis in die Berühmtheit; in knapp fünf Jahren kam es zu zwölf Auflagen[1]. Die 24. Auflage erschien bei Grünewald/Schöningh in diesem Jahr, 2018. Worin liegt die Faszination für diesen Autor begründet?

In seinem Beitrag geht Bischof Wiesemann von der Frage aus, was hinter dem Menschen und Denker Guardini steckt und welche seine Impulsgeber waren. Er trifft auf Abgründe und Brüche, die sich in der Lebensgestalt Guardinis verbergen und die dabei gleichzeitig etwas Faszinierendes auslösen. Karl-Heinz Wiesemann geht einer Aussage Viktor von Weizsäckers nach, der Guardini als „Märtyrer der geistigen Versuchungen" kennzeichnete, um somit der „verschwiegenen Mitte", dem persönlichen Geheimnis Guardinis, näher zu kommen. Wie kann eine Grenzerfahrung zur Gottesbegegnung werden?

Gestern wie heute geht es um die Möglichkeit, mit Hilfe eines bleibend gültigen Hermeneuten das Christsein nicht allein als bloße Lehre aufgeschlossen zu bekommen, sondern als lebendiges, glaubensgetränktes, Einsichten ermöglichendes, Wachstum förderndes Ereignis zu erweisen, wel-

[1] Vgl. Hanna-Barbara Gerl, Romano Guardini (1885–1968). Leben und Werk, Mainz 1985, 112–122, hier 113. (= Gerl, Guardini). Vgl. auch Stefan K. Langenbahn (Hg.), Vom Geist der Liturgie. 100 Jahre Romano Guardinis „Kultbuch" der Liturgischen Bewegung. (Erzbischöfliche Diözesan- und Dombibliothek mit Bibliothek St. Albertus Magnus), Köln 2017.

ches das Geheimnis des Menschseins und damit das Geheimnis des unergründlichen Gottes berühren möchte.

Es kann kein Zufall sein, dass gleich zwei Päpste aus den Gedanken Romano Guardinis heraus leben und argumentieren: Der emeritierte Papst Benedikt XVI. (Joseph Ratzinger) rekurriert stets in seinem gewaltigen theologischen Oeuvre auf Romano Guardini (vgl. Peter Schallenberg); Papst Franziskus bezeugt in seinen Reden und Verlautbarungen, vor allem aber auch durch sein Handeln, wie aktuell, wie gegenwarts- und zukunftsmächtig die Gedanken Romano Guardinis für die christliche Lebenspraxis sind. Er gibt uns zu fragen, zu denken und zu beten auf (vgl. Peter Reifenberg). Ist den Christen ein „Umbau des Wirklichkeitsbewusstseins" heute möglich? (vgl. Jean Greisch) Inwiefern ist die christliche Existenz ein Weg des Lebens? (vgl. Jean Greisch) Wie lässt sich ganz in der Liebe Gottes stehen, wenn die christliche Botschaft die Fülle der sich ergießenden Gottesliebe ist? (vgl. Jean Greisch) Was lässt Menschsein glücken, Sinn erfahren, ja Heil erhoffen? Wer ist Jesus Christus, wer ist der Herr? (vgl. Jean Greisch, Hanna-Barbara Gerl-Falkovitz, Marius Reiser, Peter Schallenberg). Kann es gelingen, dem Suchenden einen Weg aus der selbstbezogenen Verkrampfung in seine Endlichkeit aufzuzeigen, ihn davon zu erlösen, um die eigentliche Freiheit des Gotteskindes finden zu können? (vgl. Peter Reifenberg)

Der in diesem Jahr verstorbene emeritierte Bischof von Mainz, Karl Kardinal Lehmann, Guardini-Preisträger 2014, bezeichnet in einer beachtenswerten Offenheit das schwierige Verhältnis Romano Guardinis zu den damaligen autoritativ Handelnden, der Neuscholastik verschworenen Mainzer kirchlichen Obrigkeit und bittet posthum im Namen des Bistums Guardini um Vergebung, ein außergewöhnlicher, aber sehr vom christlichen Denken durchdrungener Akt. Übrigens stand in seinem Arbeitszimmer noch kurz vor seinem Tode ein Handapparat mit Werken Romano Guardinis und eine Fülle von Sekundärliteratur. Auch er wollte noch zu Guardini weiterarbeiten …

Der international bekannte Philosoph Jean Greisch, von 2009 bis 2012 Inhaber des Guardini-Lehrstuhls an der Humboldt-Universität zu Berlin, reflektiert mit Romano Guardini nicht nur die wichtige philosophische Schrift „Der Gegensatz", sondern kennzeichnet seine Methode im „Herrn" als eine Phänomenologie des universell-Konkreten, das personal gedacht, einer Begegnung mit dem Lebendig-Konkreten, mit dem Herrn selbst, gleichkommt. Er bringt das Hauptwerk Guardinis „Der Herr", das 1937 erschien, in ein fruchtbares Gespräch mit Michel Henrys Trilogie „C'est moi la vérité" und damit auch mit den phänomenologischen Hauptthemen: „Sehen", „Leben" und „Tod". Er zeigt auf, dass weder vom „Geist der Liturgie" noch vom „Herrn" her Sperrzonen für den Philosophen entstehen können und Christus gegenüber die Bekehrung des Denkens und des Tuns möglich ist, wie es Romano Guardini selbst in die Schlusssätze des „Herrn“ fasst.

Dem schwierigen Verhältnis Guardinis zur historisch-kritischen Methode geht der Beitrag von Marius Reiser eingehend nach. Reiser wie Romano Guardini widersprechen der These, dass der historische Jesus und der Christus des Glaubens zwei gänzlich verschiedene Figuren seien und damit auch der Methode, in den Evangelien Echtes von Unechtem zu scheiden. Guardini widerspricht der These im Namen einer vermeintlichen Vernunfteinsicht, dass Gott nicht in der Geschichte wirke, und, dass es in ihr nur das geben kann, was von der menschlichen Vernunft her möglich erscheint und damit das Bekenntnis zum Herrn nur ideologischer Überbau nachösterlicher Erfahrung sei. Reiser weist auf, dass eine geläuterte historisch-kritische Jesus-Forschung auch mit den Prämissen Romano Guardinis möglich ist. Es muss eine Achsendrehung vollzogen werden, die Glaube heißt, das heißt, es muss einzig und allein von Christus her gedacht werden. Reiser stellt die Frage, was der Glaube an diese Gestalt des Offenbarers sei, für den es keinen Maßstab gibt, der vielmehr selbst Maßstab für alles ist.

„Der Herr“ ist ohne Zweifel das Hauptwerk Guardinis, das besonders auch auf dem Hintergrund der Zeit (1937) zu lesen ist. Im Gegensatz zu Führern aller Couleur gibt es nur einen Herrn und diesen seit jeher und für immer. Dies ist die Hauptthese des Aufsatzes von Hanna-Barbara Gerl-Falkovitz, die aus einer großen Guardini-Erfahrung heraus spricht. Ihre These gewinnt gerade auch in heutigen politischen Verhältnissen, in denen sich weltweit „neue, kleine populistisch handelnde Führer“ auftun, an brennender Aktualität.

Die Einzigartigkeit des Buchs „Der Herr“ unter den Jesus-Büchern bezeugt der Beitrag von Kosmas Lars Thielmann: Es ist die Mystagogie in Reinform, eine Manuductio in das bleibende Geheimnis des Sohnes Gottes, die über jede Psychologisierung hinausweist. Guardini geht es nicht um bloße Vermittlung von Wissen, sondern um die Eröffnung eines Begegnungsraums, einer Liebesbegegnung, die sich in Jesus Christus selbst zentriert (vgl. Peter Schallenberg). An dieser Stelle berühren sich auch Mystagogie und Gebet: Das Überlassen des Eigenen in die Hand Gottes, des bleibenden Geheimnisses, das angerufen werden kann, so man es will: Romano Guardinis Reflexionen vollenden sich im aufrechten Gebet des Suchenden und Gläubigen, in der Bitte und in der Hingabe an Gott, der jeweils zuerst den Menschen anruft (vgl. Peter Reifenberg).

Die Akademie des Bistums Mainz, Erbacher Hof, fühlt sich dem Werk und der Person Romano Guardinis in besonderer Weise verpflichtet, gerade auch auf die Weise, wie es Kardinal Lehmann formulierte und seiner Akademie stets aufgab. Die Akademie dankt dem Bischof von Mainz, Prof. Dr. Peter Kohlgraf, und Weihbischof Dr. Udo Markus Bentz, Generalvikar des Bistums Mainz, dass sie diese Arbeit fortsetzen kann.

In den sechziger Jahren sprach Romano Guardini vor großem Publikum in der Stadtakademie, Haus am Dom, Mainz, und pflegte Freundschaft mit dem damaligen Akademikerseelsorger und späteren Direktor des Erbacher Hofs, Prälat Walter Seidel. Zum 100. Geburtstag 1985 erschien das von Walter Seidel herausgegebene Buch: „Christliche Weltanschauung. Wiederbegegnung mit Romano Guardini“ im Verlag Echter, Würzburg. Stets wurde das wertvolle gedankliche Erbe Guardinis in Akademietagungen gepflegt: So 1993 in einer Tagung zur „Ethik Guardinis“, welche die von Hans Mercker herausgegebenen Vorlesungen an der Universität München zum Thema machte. Die beiden Bände erschienen unter dem Titel „Ethik“ bei Grünewald/Schöningh 2008.

Zum 1937 erschienenen Hauptwerk „Der Herr. Betrachtungen über die Person und das Leben Jesu Christi“ bot die Akademie des Bistums Mainz, Erbacher Hof, einen Studientag im Jahr 2014 an.

Das Buch „Einladung ins Heilige. Guardini neu gelesen“, herausgegeben von Peter Reifenberg, erschien pünktlich zum 125. Geburtstag Guardinis (2010), bereits Ende 2009 bei Echter, Würzburg. Im Jahr des 50. Todestages Guardinis veranstaltete die Akademie eine viel beachtete Seminarwoche zu Guardinis Werk in Meran.

Mit vorliegender Veröffentlichung möchten wir den geneigten Leser nachdrücklich zur weiteren Guardini-Lektüre einladen, die nach wie vor die christliche Existenz und die Kirche überhaupt im Denken und Handeln bereichern wird.

Der Autorin und den Autoren sei gedankt, genauso wie Frau Monika Möglich für die sorgsame Betreuung der Manuskripte sowie Herrn Volker Sühs vom Matthias Grünewald Verlag.

Die Herausgeber

+ Dr. Karl-Heinz Wiesemann
Bischof von Speyer

Prof. Dr. Peter Reifenberg
Akademiedirektor
und Direktor des Erbacher Hofs,
Mainz

Speyer/Mainz, zum 1. Oktober 2018

Romano Guardini und Mainz (1885–1968)

Skizze einer schwierigen Geschichte

Karl Kardinal Lehmann (†)

Persönliche Vorbemerkung

Mein Beitrag zum Thema „Romano Guardini" in diesem Band[1] erstreckt sich auf ein relativ enges Thema, nämlich die Beziehungen zwischen Romano Guardini und dem Bistum Mainz. Dieses Verhältnis bedarf noch einer tieferen Klärung, die zwar allein mit diesem Beitrag noch nicht ausreichend geleistet werden kann. Aber gerade auch als langjähriger Bischof von Mainz (1983–2016) hat es mich immer nicht nur gereizt, sondern auch unruhig gemacht, dieses schwierige Verhältnis etwas zu klären.

Schon als ich 1983 nach Mainz kam, war es mir ein wichtiges Anliegen, zuerst einmal einen ganz herzlichen Dank für das Leben und das Werk Romano Guardinis zur Sprache zu bringen, was ich ziemlich rasch nach meinem Dienstantritt als Bischof am 2. Oktober 1983 bei einer von mir initiierten Gedenkfeier am 10. Februar 1984 im Mainzer Dom unternommen habe. Anfangs wusste ich freilich wenig um das schwierige Verhältnis zwischen Mainz und Romano Guardini. Frau Prof. Dr. Hanna-Barbara Gerl-Falkovitz hat dann in ihrer großen Guardini-Biografie, die zum 100. Geburtstag im Jahr 1985 erschien[2], diese problematische Beziehung weitgehend aufhellen können.[3] Ich hatte mich – natürlich sehr viel bescheidener – zur gleichen Zeit darum bemüht. Seitdem habe ich oft, im Inland wie im Ausland, vor allem in Berlin, aus tiefer Überzeugung immer wieder über die Person und das Werk Guardinis gesprochen. Insbesondere das Zerwürfnis zwischen Mainz und Romano Guardini hat mich im Lauf der folgenden drei Jahrzehnte nie losgelassen.

2014 schließlich bedeutete mir die Verleihung des Romano Guardini-Preises in München[4] mehr als manche andere Ehrung. Dies hat einen ein-

[1] Die Herausgeber danken Herrn Prof. Dr. Claus Arnold, Mainz, für die Überlassung des Textes zum zweiten Abdruck. Nachweis vgl. am Schluss dieses Bandes.

[2] Gerl, Guardini. – Für alle bibliografischen Probleme vgl. Mercker (Hg.), Bibliografie.

[3] Dies war wohl erst verlässlich möglich nach dem Erscheinen von Guardini, Berichte über mein Leben. Vgl. auch Gerl, Eine nicht ganz glückliche Beziehung. Romano Guardini und Mainz, Mainz 1979; Oberdorfer (Hg.), Romano Guardini; Gerl-Falkovitz (Hg.), Lauterkeit des Blicks.

[4] Vgl. Zur Debatte, hg. von der Katholischen Akademie in Bayern, Nr. 8 (2014) 1–12 (Bericht und Laudatio von Jean Greisch: 7–11).

fachen, aber bis heute nachwirkenden Hintergrund: Als ich in der ersten Hälfte der 50er-Jahre bis zum Abitur im Jahr 1956 das Staatliche Gymnasium in meiner Heimatstadt Sigmaringen besuchte, gab es neben einem einflussreichen Lehrer, Prof. Dr. Nikolaus Maier, besonders zwei Autoren, die ich geradezu verschlungen habe und die mich bis heute geprägt haben: Romano Guardini und Josef Pieper. Mein karges Taschengeld habe ich fast ganz in den Kauf ihrer Bücher investiert. Später habe ich bei gelegentlichen Besuchen in München auch einige Vorlesungen von Romano Guardini gehört. So war ich nach meinen philosophischen und theologischen Studien in Freiburg und Rom (1956–1964) gut vorbereitet, um als Assistent von Karl Rahner, dem ersten Romano Guardini-Preisträger (1970), am neu geschaffenen Institut für Christliche Weltanschauung und Religionsphilosophie der Ludwig Maximilians-Universität in München – freilich unter ganz anderen Bedingungen – das Erbe Romano Guardinis mitpflegen zu dürfen (1964–1967). Als Karl Rahner im Jahr 1967 einem Ruf nach Münster folgte, hat er mich zu Romano Guardini mitgenommen, um ihm die Nachricht von seinem Weggang von München persönlich zu überbringen. Dies war ein schwieriger Besuch. Guardini war sehr enttäuscht. Er war schon recht krank. So durfte ich wenigstens einmal Romano Guardini die Hand geben und ihm persönlich begegnen. Seine zahllosen Bücher begleiten mich bis heute. Um nur einige zu nennen, für die ich immer besonders dankbar war: „Vom Geist der Liturgie“ (1918), „Von Heiligen Zeichen“ (1920–22), „Der Herr“ (1937), „Vom Ende der Neuzeit“ (1950) und die aus dem Nachlass herausgegebene zweibändige „Ethik“ (1993), nicht zu vergessen das kleine wichtige Buch „Die Macht“ (1951). Ich spreche hier sicher für viele.

Romano Guardini und Mainz

Romano Guardinis Leben und Frühwerk ist eng mit Mainz, der Stadt und dem Bistum verbunden – Mainz war für ihn immer auch der Ort mit einer großen christlichen Überlieferung, eines öffentlich wirksamen Glaubens und eines reformerisch orientierten Katholizismus, geprägt nicht zuletzt durch Bischof Wilhelm Emmanuel von Ketteler (1811–1877) und schon seit 1848 durch die Katholikentage.[5] Diese Mainzer Wurzeln waren nicht selbstverständlich. Romano Guardini wurde am 17. Februar 1885 in Verona geboren; seine Mutter stammte aus Südtirol. Ein Jahr später zog die Familie nach Mainz, wo noch drei Brüder geboren wurden. Der Vater hatte in Mainz das Amt des italienischen Generalkonsuls übernommen, war aber auch

[5] Vgl. Gerl, Guardini, 32 ff.

wirtschaftlich tätig, indem er als Importkaufmann eine Firma vor allem für den Geflügel- und Eierhandel sowie wohl auch für Wein gründete. Sein Sohn Romano besuchte in Mainz die Volksschule (1891–1894) und das humanistische Rabanus Maurus-Gymnasium. Die Familie Guardini lebte in Mainz ziemlich unauffällig. Der Aufenthalt war in der Zeit des Ersten Weltkrieges jedoch nicht einfach.[6]

Nach dem Abitur 1903 begann Romano Guardini ein Studium der Chemie in Tübingen (1903) und der Nationalökonomie in München und Berlin (1904); München wurde für ihn zum Ort einer bis in die Wurzeln reichenden religiösen Krise. Doch 1905 wechselte er nach Tübingen zum Studium der Theologie, das er 1906 in Freiburg i.Br. fortsetzte. Nach seiner endgültigen Berufsentscheidung trat er 1908 in das Mainzer Priesterseminar ein, gemeinsam mit Karl Neundörfer, der ihm zum unentbehrlichen Freund und Gesprächspartner geworden war. Ein Wort Neundörfers weist auf den Kern dieser Entscheidung zum Priesterseminar nach einem längeren Kampf: „Im Letzten liegt die Wahrheit da, wo die größte Möglichkeit der Liebe ist."[7] Dr. Karl Neundörfer war später Pfarrer an der Mainzer Kirche St. Quintin, verunglückte freilich schon im Jahr 1926 tödlich in den Bergen.

Romano Guardini hat es nicht leicht gehabt mit Mainz. Er fand es recht schwierig im Priesterseminar und spricht z.B. sehr hart von einem dort herrschenden „System des Mißtrauens und der Beaufsichtigung, das bis ins Einzelne ging" in der ganzen Erziehung.[8] Wegen mancher Kritik, vor allem auch im Blick auf die Professoren im Seminar, dachten einige Verantwortliche daran, man solle diese Nörgler, vor allem Neundörfer und Guardini, doch lieber gehen lassen. „Das hat uns aber doch nichts geschadet, und wir waren, wenn auch mit einem Semester Verzögerung, zum Ziel gekommen."[9]

Am 28. Mai 1910 wurde Guardini im Mainzer Dom von Bischof Georg Heinrich Kirstein zum Priester geweiht. Wie er selbst sagt, ist die Priesterweihe „die Grundlage meiner Arbeit gewesen"[10]. So kann er auch kurz vor seinem Tod seinem Freund Felix Messerschmid auf die Frage, weshalb er zeitlebens den Glauben bewahrt habe, zur Antwort geben: „Weil ich es meinem Bischof bei der Priesterweihe versprochen habe."[11]

Er war dann Kaplan in Heppenheim an der Bergstraße, in Darmstadt (Krankenhaus), in Worms (Dom), in Mainz (St. Christoph, St. Ignaz, St. Emmeran und St. Peter). Von 1912–1915 studierte er in Freiburg i.Br. und

[6] Vgl. Felix Messerschmid, in: Romano Guardini, Mainz 1979, 10–31, auch 74–81.
[7] Gerl, Guardini, 47, zu Neundörfer ebd., 67–71.
[8] Berichte über mein Leben, 92 (= Werke, 90).
[9] Ebd., 22 (= Werke, 22).
[10] Vgl. Brief an Pius XII. vom 31. März 1952, zit. bei Gerl, Guardini, 60.
[11] Zit. bei Gerl, Guardini.

wurde 1915 dort zum Dr. theol. promoviert mit der Arbeit „Die Lehre des hl. Bonaventura von der Erlösung" (1921 gedruckt). Darauf wurde er wieder vor allem in der Stadt Mainz pastoral tätig, wobei jetzt die Jugendarbeit („Juventus") für die Besucher höherer Schulen (1915–1920) und das liturgische Interesse im Vordergrund standen (1918: „Vom Geist der Liturgie"). Kontakte zu den Abteien Beuron und Maria Laach wurden wichtiger. Erwähnenswert ist noch die Einberufung zum Militärdienst als Krankenwärter (im Mainzer Festungslazarett, 1916).

Im Jahr 1919 starb der Vater. Die Familie zog wieder nach Italien. Romano Guardini, der sehr in die deutsche Sprache und Kultur hineingewachsen war und 1911 die deutsche Staatsbürgerschaft angenommen hatte, blieb allein in Mainz zurück. Zeitlebens galt es, in der Spannung zwischen der italienischen Heimat und der deutschen Wahlheimat ein eigenes Leben zu finden. Später wird er sagen: „Ich (war) so schon durch persönliches Lebensschicksal darauf hingeleitet, nach der Einheit weit auseinander liegender Wirklichkeiten zu suchen."[12] Man kann schon hier gleichsam die Urzelle der frühen Lehre vom „Gegensatz" erkennen.[13] Hier wurzelt auch die schon frühe, sich aber durch das ganze Leben ziehende Entdeckung Guardinis, dass diese Spannung zwischen Italien und Deutschland am besten in einem neuen Europa gelebt und in gewisser Weise so auch aufgelöst werden kann.[14]

Im Frühjahr 1920 wurde Guardini zur Habilitation in Bonn beurlaubt, wo er 1922 die Lehrbefugnis für Dogmatik erwarb mit einer zweiten Arbeit über die Theologie des hl. Bonaventura (1964 gedruckt). Er lebte in dieser Zeit in Bonn und wurde am 11. April 1923 auf den neu errichteten Lehrstuhl für „Religionsphilosophie und Katholische Weltanschauung" nach Berlin berufen.

Guardini hatte lange das Empfinden, dass man ihm in Mainz nicht wohlwollend gesonnen sei. Auch gab es grundlegende Einwände gegen die Jugendarbeit, die Guardini 1915–1920 als Leiter der bekannten Mainzer Jugendgruppe „Juventus"[15] mit einer größeren Nähe zur Jugendbewegung[16] betrieben hat. Das Zentrum des Widerstands gegen ihn sah Guardini auch

[12] Stationen und Rückblicke. Würzburg 1965, 17 (= Werke, 298).

[13] Vgl. die erste Programmskizze Gegensatz und Gegensätze. Entwurf eines Systems der Typenlehre (1914). Freiburg i.Br. 1914; Der Gegensatz. Versuche zu einer Philosophie des Lebendig-Konkreten. Mainz 1925, Mainz ^{4}1998. Vgl. die wichtigen Vorbemerkungen zum Verständnis, ^{4}1998, 11–13.

[14] Vgl. Europa – Wirklichkeit und Aufgabe. In: Sorge um den Menschen. Mainz, Paderborn ^{4}1988, 238–253, auch München 1988. Auch viersprachig München 1988.

[15] Vgl. Berichte über mein Leben, 28 f (= Werke, 28 f); Gerl, Guardini, 94–103; Hanns Ruffin, Guardini und die Mainzer „Juventus". In: Romano Guardini. Mainz 1979, 75–77.

[16] Gerl, Guardini, 123–127 sowie 154 ff. Dazu auch Henrich, Die Bünde.

später bei Domkapitular Dr. Ludwig Bendix (1857–1923), der 1920–1922 auch Generalvikar war. Dieser sei trotz mancher Fähigkeiten – so schrieb Guardini noch nach über 30 Jahren in einer für ihn überraschend harten Sprache – „ein Reaktionär reinsten Wassers" gewesen.[17] Guardini beklagte die Zwiespältigkeit im Verhalten ihm gegenüber. Bendix hatte wohl auch die Berufung Guardinis nach der Promotion in Freiburg i.Br. 1915 als Professor an das Mainzer Priesterseminar verhindert. „Gegen seinen Willen konnte aber nichts geschehen, so wurde die Situation für mich allmählich unhaltbar."[18] Bitter formuliert Guardini: „Natürlich muß die oberste Behörde der Diözese das Recht behalten, ihr Urteil über eine Persönlichkeit zu ändern. Das muß sich aber auf Tatsachen stützen – und sie muß es dem Betroffenen beizeiten offen sagen, damit er sich entsprechend einrichten kann. Das alles ist aber in Mainz nicht geschehen … Die Sache ist mir zuerst sehr nahe gegangen. Dann habe ich freilich erkannt, welche gütige Fügung darin gelegen hat. Ich bin gezwungen worden, aus der engen Mainzer Luft ins Weite zu gehen und kann dafür nicht dankbar genug sein. In Mainz hätte ich entweder die größten Schwierigkeiten bekommen, oder wäre zu Grunde gegangen – geistig und wahrscheinlich auch körperlich."[19]

Schließlich schreibt Romano Guardini in seinem Lebensbericht: „Damals habe ich mich innerlich von der Mainzer Diözese gelöst, umso mehr, als mein Vater im Jahr 1919, kurz nach seiner Rückkehr aus der Schweiz, gestorben war, und meine Mutter sich entschloß, nach Italien zurückzukehren. Ich bin dann noch einmal nach Mainz gegangen, als ich die Berliner Professur [1923] bekommen hatte; die Enttäuschung, welche ich damals erfuhr, hat die Trennung definitiv gemacht."[20]

Allerdings hatte es Guardini selbst den Verantwortlichen nicht immer leicht gemacht. Er hat selbst an den Grenzen seiner eigenen Persönlichkeit gelitten. Auch wenn man die folgenden Worte nicht überschätzen darf, geben sie zu denken: „Zusammenfassend muß ich sagen, daß ich die menschliche Beziehung, welche der Seelsorger mit seiner Gemeinde haben muß, nicht fand. Dabei war ich immer überzeugt, daß er die eigentliche Form des Priestertums sei. Ich habe aber zum Volk, zur Weise seines Denkens und zur Form seiner Interessen nie richtig hingefunden."[21] Guardini hatte zudem große Probleme im Schuldienst. Freilich, er hat auch gute und

[17] Berichte über mein Leben, 29 (= Werke, 28 f).
[18] Ebd., 30 (= Werke, 29).
[19] Ebd., 30 (= Werke, 30).
[20] Ebd. Ich habe nichts gefunden, worauf diese „Enttäuschung" im Jahr 1923 konkret beruhte oder beruhen könnte.
[21] Ebd., 98 (= Werke, 95).

dankbare Erinnerungen an das Bistum Mainz zum Ausdruck gebracht, an Heppenheim, Worms und manche Freunde.[22]

Später sah Guardini sein Verhältnis zu Mainz zwar ähnlich klar und ungeschminkt, zugleich jedoch in einem etwas milderen Licht. Über seine Kritik schreibt er: „Davon war sicher vieles unnötig und manches ungerecht; aber schließlich steht die Weisheit ja nicht am Anfang, sondern am Ende."[23] Insgesamt beklagte er immer wieder einen Mangel des notwendigen Vertrauens. Hier war er besonders sensibel und schreibt, noch immer entrüstet nach so langer Zeit, dieser Mangel sei „symptomatisch für den Geist und die Methode der ganzen Erziehung" gewesen.[24] Immer wieder betont er die Freundschaft zu Dr. Karl Neundörfer[25] und zu Wilhelm und Renate Schleußner[26], die er geradezu als seine „geistigen Eltern" empfand.

Der Ärger saß nach 1923 so tief, dass Romano Guardini nach eigenen Aussagen erst wieder im Jahr 1944 Mainzer Boden betrat, also nach über 20 Jahren. Ausdrücklich schreibt er, dabei habe er „keinen Groll empfunden".[27]

Freundschaft mit Bischof Stohr

Besondere Gestalt gewonnen hat das bessere Verhältnis zu Mainz in der Freundschaft zu Bischof Albert Stohr (1890–1961, Bischof von Mainz seit 1935).[28] Stohr und Guardini kannten sich bereits aus dem Priesterseminar. Auch Stohr befasste sich in seiner Dissertation mit der Theologie Bonaventuras, näherhin der Trinitätslehre, und wies in seinem Vorwort darauf hin, dass er dieses Thema „einer Anregung des befreundeten Prof. Dr. Guardini" verdanke (Münster 1923, vgl. Vorwort, V). Die spätere stärkere Annäherung zu Guardini hat Bischof Stohr wohl auch von sich her gesucht. Dies war leichter möglich geworden, als Bischof Stohr im Jahr 1940 mit dem Passauer Bischof Simon Konrad Landersdorfer OSB in der Deutschen Bischofskonferenz für die Liturgie verantwortlich wurde. Es war die Zeit, als eine heftige Auseinandersetzung um die Liturgische Bewegung im Gang war.[29] Bischof Stohr hat sich Guardinis Brief „Ein Wort zur liturgischen Frage" in einem kritischen Augenblick der Geschichte der Erneuerung des Gottesdienstes

[22] Vgl. dazu auch Guardini, Der Mensch.
[23] Berichte über mein Leben, 92 f (= Werke, 90).
[24] Ebd., 93 (= Werke, 90).
[25] Dazu Gerl, Guardini, 67 ff.
[26] Dazu vgl. ebd., 47 ff, 78 ff, 89, 106, dazu Guardini, Berichte über mein Leben, 67 f, 93 f, 101 (= Werke, 66, 91, 98).
[27] Berichte über mein Leben, 31 (= Werke, 30).
[28] Dazu Lehmann (Hg.), Dominus Fortitudo (siehe Register unter Guardini).
[29] Vgl. dazu Maas-Ewerd, Die Krise der Liturgischen Bewegung.

(1940) bewusst zu eigen gemacht. Stohr sagte später, Guardini habe in diesem Brief an ihn „in bewundernswerter Klugheit und mit meisterlichem Geschick einen Weg zwischen Zuviel und Zuwenig, zwischen engem Beharren und gar zu stürmischem Vorwärtsschreiten gewiesen und seinen Freunden und Gesinnungsgenossen einen kaum zu überschätzenden Dienst geleistet“.[30] Bischof Stohr nannte ihn in diesem Zusammenhang 1940 deswegen auch „Anwalt des liturgischen Anliegens“.[31]

Bischof Dr. Stohr hat auch maßgeblich die Beauftragung Romano Guardinis mit der neuen Übersetzung des lateinischen Textes der Psalmen gefördert („Nova Vulgata“). 1941 begann Guardini die Übersetzung, 1949 hat er sie mit großer Anerkennung, gerade auch von Bischof Stohr, abgeschlossen.[32] So hat die Freundschaft der beiden Männer – Guardini spricht selbst von ihr in einer handschriftlichen Buchwidmung des Jahres 1950[33] – und ihre gemeinsame Aufgabe bei der liturgischen Erneuerung[34] auch eine Wiederannäherung an Mainz gebracht, jedenfalls einen versöhnlicheren Ton ermöglicht. Guardini schreibt darum, Bischof Stohr habe ihm „in der gütigsten Weise seine Freundschaft“ geschenkt, und dies sei von Stohr „als Überbrückung des damals geschehenen Risses verstanden und von mir (Guardini) auch dankbar als solche empfunden worden“.[35] 1958 widmete er in einem gedruckten Eintrag sein Buch „Religion und Offenbarung“[36] Bischof Stohr. Gerade diese frühen Widmungen sind ein wichtiges Zeugnis.

Wenn auch Guardini die erlittenen Verletzungen nie vergessen konnte, so hat sich auf diese Weise doch das Verhältnis zu Mainz entspannt. So schreibt er in Notizen des Jahres 1958: „Die Neuralgie ist immer noch so stark, daß ich mich nicht zu reisen getraue. Heute Morgen kam der Gedanke, ich wollte wieder einmal nach Mainz, die alten Orte sehen, sofern sie noch da sind … die Gonsenheimer Straße, St. Bonifatius, das Seminar … ‚Alters-

[30] Stohr, Romano Guardini, 200.

[31] Vgl. dazu Maas-Ewerd, „Anwalt des liturgischen Anliegens“.

[32] Vgl. Deutscher Psalter. München ^{3}1954; vgl. auch München ^{7}1998 (auch Mainz, Paderborn 1998).

[33] „Anfang“. Es gibt viele Auflagen (1943, 1950 usw.). Die erwähnte Widmung findet sich mit dem Datum 17.3.1950 in der 2. Auflage, München 1950 mit dem Titel „Anfang. Eine Auslegung der ersten fünf Kapitel von Augustinus' Bekenntnissen“, es gibt auch frühere Auflagen, z.B. Kolmar 1944. „In dankbarer Ergebenheit“ findet sich ebenfalls handschriftlich vom 23.1.1948 in „Der Tod des Sokrates“, Godesberg 1947 (5. Auflage, Mainz 1987). – Durch die vielfache Verwendung des Begriffs „Anfang“ in der Titelgebung für verschiedene Bücher Guardinis ergeben sich einige bibliografische Orientierungsschwierigkeiten.

[34] Vgl. Stohr, Romano Guardini, 201.

[35] Berichte über mein Leben, 31 (= Werke, 30).

[36] Erstmals als Bd. I 1958 erschienen, 2. Auflage Mainz 1990. Der Zusatz „I“ ist entfallen. Ein zweiter Band erschien somit nicht.

hausen'."[37] Dafür gibt es auch noch andere Anzeichen. Bischof Stohr erwirkte nach langem Zögern Roms (ab 1946) im Jahr 1952 den Prälatentitel für Guardini[38], er besuchte ihn 1960 während des Eucharistischen Kongresses in München, als Guardini krank war. Nicht wenige Briefe bestätigen diese starke Annäherung und neue Nähe. Es bleiben freilich auch die erwähnten harten Urteile.

Ein Wort der Entschuldigung

Nach Guardinis Tod am 1. Oktober 1968 in München und der Beerdigung auf dem Priesterfriedhof des Oratoriums in München am 4. Oktober 1968 hielt und hält das Interesse an seinem Denken über Jahrzehnte an. Zum 100. Geburtstag (1985) wurden in Berlin, Mainz und München verschiedene Festakademien abgehalten. Guardini hatte 1943 mit seinen autobiografischen Aufzeichnungen begonnen, die, wiewohl 1945 vollendet, erst 1984 veröffentlicht wurden. 1987 wird das Grab Romano Guardinis in die rechte Seitenkapelle der Universitätskirche St. Ludwig in München verlegt, wo er viele Jahre Universitätsprediger war.

Trotz der langsam entspannten Atmosphäre verlassen einen, wenn man aus Mainz kommt, nicht Scham und Beklemmung. Die Verehrung für Romano Guardini in Mainz ist gewiss auch heute immer noch sehr hoch.[39] Viele wissen nichts mehr von den Verwicklungen und Verletzungen der frühen Mainzer Jahre. Aber es musste doch von Mainz im Blick auf diese Jahre – soweit so etwas überhaupt möglich ist – ein Wort der Entschuldigung und der Bitte um Vergebung erwogen werden. Schon als 1984 Guardinis „Berichte über mein Leben" erschienen waren, habe ich als Bischof von Mainz in meinem ersten Wort über Guardini, wohl etwas erschrocken über das zutage getretene Missverhältnis, gesagt: „Es war mir (erst recht nach dem Erscheinen dieses Buches) klar, daß wir nicht nur zu danken, sondern auch etliches wiedergutzumachen hatten, soweit dies menschenmöglich ist."[40]

Seither sind über 30 Jahre vergangen. Bei der Entgegennahme des Preises mit seinem Namen 2014 in München fühlte ich mich ganz im Sinne von

---

[37] Wahrheit des Denkens und Wahrheit des Tuns. Notizen und Texte 1942–1964. Aus nachgelassenen Aufzeichnungen hg. von Felix Messerschmid. Paderborn 1980, 114 (Sonntag, 23.3.1958). – „Altershausen" heißt eine Erzählung von Wilhelm Raabe, worin ein alter Mann nochmals die Stätten seiner Kindheit aufsucht.

[38] Vgl. dazu und weiteren Ehrungen: Gerl, Guardini, 352–356.

[39] Eine „Mainzer Bibliografie" über Romano Guardini würde dies gut belegen. Vgl. zuletzt Reifenberg (Hg.), Einladung ins Heilige.

[40] Ungedrucktes Manuskript des schon genannten Wortes vom 10. Februar 1984 im Mainzer Dom.

Bischof Albert Stohr gerade als Bischof von Mainz – nicht nur persönlich, sondern auch dienstlich-amtlich – zutiefst verpflichtet, fast 50 Jahre nach Romano Guardinis Tod angesichts der Verletzungen von damals um Entschuldigung, Nachsicht und Vergebung zu bitten. Ich war dankbar, dass ich an diesem Abend die Gelegenheit bekommen hatte, dies auch öffentlich zur Sprache zu bringen.

Trotz aller Spannungen ist Romano Guardini Priester des Bistums Mainz geblieben. Deswegen hat er auch im Necrologium Moguntinum 1802/03–2009, dem Totenbuch der Priester des Bistums Mainz, seinen festen Platz.[41]

Dank

Romano Guardini hat zu Lebzeiten einen überwältigenden Erfolg gehabt. Aber er war nicht einfach und bequem. Er hat auch bei den nach vorne drängenden Bewegungen die Aufgabe des Mahners übernommen. Dies gilt gegenüber der Jugendbewegung und der Liturgischen Bewegung, erst recht für ihr frühes Zusammentreffen, das Guardini so sehr begünstigte. Er mag uns zwar in manchem als unzeitgemäß erscheinen. Aber gerade dadurch hat er allen einen wahren Dienst geleistet. So könnte er uns auch da, wo wir ihn „wenig modern" empfinden, noch etwas zu sagen haben, z. B. im Blick auf die Gottesdienstgestaltung, manche Zeitdiagnosen, die Einschätzung von wissenschaftlicher Schriftauslegung und Bibelverstehen, die „Wissenschaftlichkeit" der Theologie und ihre Probleme usw.

Aber er ist nicht zuletzt vorbildlich durch seinen Geist. Er kann und will uns nicht die Last der eigenen Aufgabe und Verantwortung abnehmen. Noch an einem allerletzten Punkt nämlich ist er segensreich und vorbildlich zugleich. Er hat nichts als die Wahrheit gesucht. Er hatte geradezu Angst vor zu viel „Absichten" und einem zu unmittelbaren Anzielen von „Praxis": „Ich glaube … sagen zu können, daß ich nie etwas ‚Praktisches' erreichen wollte. Mir hat immer sehr eingeleuchtet, was die alte chinesische Weisheit lehrt: das Hinderlichste im Geistigen seien Absichten; je reiner die Absichtslosigkeit, desto stärker die Wirkung. Ich war immer überzeugt, wesentlich sei nur, die Sache so zu machen, wie sie selbst gemacht sein wolle. Dann werde sie weiterwirken, durch die Wahrheit der Gedanken, durch die Richtigkeit der Form – auch eine Sache des ‚unsichtbaren Fahrplans', der alles an seine

[41] Bischöfliche Kanzlei Mainz 2009, 436.

Stelle bringt."[42] Vielleicht birgt dieses Wort, am siebzigsten Geburtstag von ihm gesprochen, am meisten das Geheimnis seines Wirkens.

Wir danken Romano Guardini dafür, dass er seine Aufgaben ganz und vorbehaltlos erfüllt hat. Dieses Ganze bestand für ihn immer aus zwei Dimensionen, nämlich einerseits Gott und anderseits den Menschen der Zeit ganz nahe zu sein. In diesem Zusammenhang beschreibt er auch seine Auffassung von Amt und Autorität. „Er (der Priester) scheut sich, feste Ergebnisse und Weisungen an sie (die Gläubigen) heranzutragen, sondern stellt sich mit ihnen zusammen in das Suchen und Fragen hinein, um mit ihnen gemeinsam hinauszufinden."[43] Amt und Autorität mit Gehorsam sind nicht einfach selbstverständliche Ausgangspunkte, sondern Guardini möchte sich neben den anderen stellen „und mit ihm zusammen in den Gehorsam zu gelangen" suchen.[44] Im selben Zusammenhang spricht Guardini vom „Typus des brüderlichen Priesters", „der nicht vom Amt ausgeht, sondern es als Kraft in sich trägt".

Von einer solchen Brüderlichkeit des Glaubens lebte Guardinis Denken. Und dies ist mit der eben skizzierten Auffassung von Priestertum und Brüderlichkeit wohl eine weitere wichtige Dimension seines Vermächtnisses. Guardini wollte brüderlich zeigen, was er sieht, und sagen, was er hört, vertrauensvoll und arglos, demütig und offen. Vom Glauben her wollte er die lebendige Wirklichkeit der Welt verstehen. Er suchte so das Menschliche im Christlichen und das Christliche im Menschlichen. Akademische Lehre war ihm nichts anderes als „die beständige, sozusagen methodische Begegnung zwischen dem Glauben und der Welt … im Konkreten"[45]. Meisterhaft hat er diese Aufgabe zusammengefasst in einem Brief an Papst Paul VI., in dem er für die Glückwünsche zu seinem 80. Geburtstag (1965) dankt und den uns wiederum Felix Messerschmid überliefert hat: „Noch zur Zeit meiner ersten theologischen Studien wurde mir etwas klar, das von da ab meine ganze Arbeit bestimmt hat: Was den modernen Menschen überzeugen kann, ist nicht ein historisch oder psychologisch oder wie immer modernisiertes Christentum, sondern nur die uneingeschränkte und ungebrochene Botschaft der Offenbarung. Natürlich ist es dann die Aufgabe des Lehrenden, diese Botschaft mit den Problemen und Nöten unserer Zeit in Beziehung zu setzen. Ich habe das in den verschiedensten Milieus zu tun versucht, darunter zwanzig Jahre lang in der gewiß wenig christlichen Luft von Berlin. Die Erfahrung war immer die gleiche. Was der heutige Mensch zu hören

[42] Vgl. Stationen und Rückblicke, 33 (= Werke, 307).
[43] Berichte über mein Leben, 99 (= Werke, 96).
[44] Ebd.
[45] Stationen und Rückblicke, 20 (= Werke, 299 f).

wünscht, ist die volle und reine christliche Botschaft. Vielleicht sagt er dann nein zu ihr; aber er weiß wenigstens, worum es geht. Diese Erkenntnis hat sich immer aufs Neue bewährt."[46]

Dies scheint mir das bleibende Testament Romano Guardinis auch für unsere Zeit zu sein. Wir haben genügend Grund zum bleibenden Dank. Darum können wir auch, soweit dies notwendig ist, die von der Erzdiözese München und Freising, konkret durch Reinhard Kardinal Marx, angestoßene Durchführung eines Seligsprechungsverfahrens nur nach Kräften unterstützen.

Lebensdaten

17.02.1885	geb. in Verona als Sohn von Romano Tullo Guardini und Paola Maria, geb. Bernardinelli
ab 1903/04	Studium in Tübingen, München (1904/05), Berlin (1905/06), Freiburg i.Br. (1906); Tübingen (1906–1908)
1908	Eintritt ins Mainzer Priesterseminar
28.05.1910	Priesterweihe durch Bischof Georg Heinrich Kirstein in Mainz
1910–1912	Kaplan in Heppenheim (Aushilfe); Darmstadt, Schwesternhaus; Worms, Dom; Mainz, St. Christoph
01.10.1912	Beurlaubung zum Studium in Freiburg i.Br.
15.05.1915	Promotion zum Dr. theol. in Freiburg
1915–1920	Kaplan in Mainz, St. Ignaz; Mainz, St. Peter; Mainz, St. Emmeran; erneut Mainz, St. Peter
1920	Beurlaubung zur Habilitation nach Bonn
1922	Habilitation im Fach Dogmatik an der Universität Bonn
1923	Berufung auf den neu errichteten Lehrstuhl für „Katholische Religionsphilosophie und Weltanschauung" an der Universität Berlin
11.03.1939	Aufhebung des Lehrstuhls und Pensionierung
1939–1943	Vortragstätigkeit an der Kath. Volkshochschule Berlin
01.10.1945	Berufung auf den Lehrstuhl für Religionsphilosophie und Christliche Weltanschauung an der Universität Tübingen
01.09.1948	Berufung auf den gleichnamigen Lehrstuhl an der Philosophischen Fakultät der Universität München
03.1952	Ernennung zum Päpstlichen Hausprälaten
1962	Emeritierung
01.10.1968	Tod in München, Beisetzung auf dem Priesterfriedhof des Oratoriums in München

[46] Vgl. Vorwort zu Schmidt, Die pädagogische Relevanz, 9 f.

Quellen

Schriften (Auswahl)

Hans Mercker (Hg.), Bibliographie Romano Guardini (1885–1968). Paderborn 1978.

Romano Guardini, Berichte über mein Leben. Autobiografische Aufzeichnungen. Aus dem Nachlaß hg. von Franz Henrich. Düsseldorf 1984, später in der Ausgabe „Werke“ wiederum zugänglich in dem Band „Stationen und Rückblicke. Berichte über mein Leben“. Mainz, Paderborn 1995 (Angaben im Text nach beiden Ausgaben).

Deutscher Psalter. München ^{3}1954; vgl. auch München ^{7}1998 (auch Mainz, Paderborn 1998).

Romano Guardini, Mainz 1979 (Stadt Mainz).

Romano Guardini, Der Mensch – Die Wirkung – Begegnung, Mainz 1979.

Romano Guardini Werke, erschienen bei Grünewald/Schöningh:

Vorschule des Betens. 1986. ^{4}1999.

Tugenden. Meditationen über Gestalten sittlichen Lebens. 1987. ^{5}1999.

Welt und Person. Versuche zur christlichen Lehre vom Menschen. 1988.

Sorge um den Menschen, 2 Bde. 1988/89.

Religiöse Gestalten in Dostojewskijs Werk. Studien über den Glauben. 1989.

Im Spiegel und Gleichnis. Bilder und Gedanken. 1990.

Religion und Offenbarung. 1990.

Vom Sinn der Kirche. Fünf Vorträge. Die Kirche des Herrn. Meditationen über Wesen und Auftrag der Kirche. 1990.

Das Wesen des Christentums / Die menschliche Wirklichkeit des Herrn. Beiträge zu einer Psychologie Jesu. 1991.

Wille und Wahrheit. Geistliche Übungen. 1991.

Johanneische Botschaft / Jesus Christus. Geistliches Wort. 1992.

Liturgie und liturgische Bildung. 1992.

Sprache – Dichtung – Deutung / Gegenwart und Geheimnis. Eine Auslegung von fünf Gedichten Eduard Mörikes. 1992.

Gläubiges Dasein. Die Annahme seiner selbst. 1993.

Unterscheidung des Christlichen, Bd. 1: Aus dem Bereich der Philosophie. 1994; Bd. 2: Aus dem Bereich der Theologie. 1994; Bd. 3: Gestalten. 1995.

Stationen und Rückblicke / Berichte aus meinem Leben. 1995.

Hölderlin. Weltbild und Frömmigkeit. 1996.

Landschaft der Ewigkeit. Dantestudien, Bd. 2. 1996.

Rainer Maria Rilkes Deutung des Daseins. Eine Interpretation der Duineser Elegien. 1996.

Glaubenserkenntnis. Versuche zur Unterscheidung und Vertiefung. 1997.

Vom Geist der Liturgie. 1997.

Predigten zum Kirchenjahr, gesammelt und hg. von Werner Becker. 1998.

Der Herr. Betrachtungen über die Person und das Leben Jesu Christi. 1997. [3]2000.

Der Gegensatz. Versuche zu einer Philosophie des Lebendig-Konkreten. 1998.

Wurzeln eines großen Lebenswerkes. Aufsätze und kleine Schriften, 4 Bde. 2000–2003.

Literatur

Albert Stohr, Romano Guardini, 75 Jahre alt. In: Liturgisches Jahrbuch 10 (1960) 200–201.

Franz Henrich, Die Bünde katholischer Jugendbewegung. München 1968.

Paul Schmidt, Die pädagogische Relevanz einer anthropologischen Ethik. Eine Untersuchung zum Werk Romano Guardinis, Düsseldorf 1973.

Theodor Maas-Ewerd, Die Krise der Liturgischen Bewegung in Deutschland und Österreich (= Studien zur Pastoralliturgie 3). Regensburg 1981.

Theodor Maas-Ewerd, „Anwalt des liturgischen Anliegens". In: Walter Seidel (Hg.), „Christliche Weltanschauung". Würzburg 1985, 163–183.

Hanna-Barbara Gerl, Eine nicht ganz glückliche Beziehung. Romano Guardini und Mainz. In: Romano Guardini, Gymnasium Moguntinum. Rabanus Maurus-Gymnasium Mainz, Dezember 1984, Nr. 46, 9–25.

Hanna-Barbara Gerl(-Falkovitz), Romano Guardini 1885–1968. Mainz 1985 (zum 100. Geburtstag; nach dieser Ausgabe wird zitiert: Gerl, Guardini), Mainz [4]1995; Taschenbuchausgabe zum 120. Geburtstag Mainz, Kevelaer 2005, veränderte Neuausgabe; Kevelaer [2]2010 – Bemerkenswert ist auch die franz. Ausgabe dieses Buches in der Übersetzung von Jean Greisch und Françoise Todorovitch. Paris 2012 mit einem Nachwort von Jean Greisch, 527–535.

Peter Reifenberg (Hg.), Einladung ins Heilige. Guardini neu gelesen, Würzburg 2009.

Hermann-Josef Braun u. a. (Bearb.), Necrologium Moguntinum 1802/03–2009. Mainz 2009.

Max Oberdorfer (Hg.), Romano Guardini. Zeugnisse eines großen Lebens. Ostfildern 2010.

Karl Lehmann (Hg.), Dominus Fortitudo. Bischof Albert Stohr (1890–1961) (= Neues Jahrbuch für das Bistum Mainz). Würzburg 2012.

Hanna-Barbara Gerl-Falkovitz (Hg.), Lauterkeit des Blicks. Unbekannte Materialien zu Romano Guardini. Heiligenkreuz 2013.

Die Grenze als Ort der Gottesbegegnung

Romano Guardini als Grenzgänger und Schwellengestalt[1]

Bischof Karl-Heinz Wiesemann

„Die Grenze ist sein Ort[2]; sie zu erfahren, ist die Weise, wie Gott erfahren wird ...“[3]

„Der Christus ..., der Auferstandene und Verwandelte, steht nun am ‘Rande’ der Welt, von oben herab und von innen herauf. Er ist Mittler und als solcher ihre lebendige Grenze. Atmende – im Heiligen Geist, dem ‘Odem Gottes’, göttlich atmende Grenze, welche die beständige Übersetzung hinüber- und herüberwirkt. Von dieser Grenze her wird immerfort die neue Welt.“[4]

Das erste Zitat stammt aus Romano Guardinis Deutung der Duineser Elegien Rainer Maria Rilkes, das zweite aus Guardinis anthropologischem Entwurf *Welt und Person.*

Was ist das für ein Mensch und Denker, für den Dichter und Visionäre wesentliche Impulsgeber waren und der die „Grenze“ zum Ort seiner Gottesbegegnung erhebt? Wer war dieser Romano Guardini? Hier begegnet uns ein eigenartiges, paradoxes Faktum. Ganze Generationen von vornehmlich jungen Menschen als Leiter des Quickborn auf Burg Rothenfels oder als Professor in Berlin, Tübingen und München hat er geprägt, haben an seinen Augen und Lippen gehangen – aber, wer kannte ihn wirklich? Als man einige Jahre nach seinem Tod aus dem Nachlass zunächst Tagebuchaufzeichnungen und später seine Autobiografie herausgab, die er während des II. Weltkriegs geschrieben aber nie veröffentlicht hatte, da war man erschüttert. 1985, zum 100. Geburtstag Guardinis und siebzehn Jahre nach seinem Tod, hat Hanna-Barbara Gerl dann den Versuch einer Biographie Guardinis gewagt, die jedoch, so unbestreitbar wertvoll das dort Zusammengetragene ist, vor allem eines offenbart: die Schwierigkeit, das Geheimnis dieses Mannes zu erfassen.

[1] Die Herausgeber danken der Guardini-Stiftung, Berlin, für die Überlassung des Textes zum leicht veränderten zweiten Abdruck. Nachweis siehe am Ende dieses Bandes.

[2] Gemeint ist der „Ort Gottes“.

[3] Guardini R., Zu Rainer Maria Rilkes Deutung des Daseins. Eine Interpretation der zweiten, achten und neunten Duineser Elegie, Bern [2]1946, 58.

[4] Ders., Welt und Person. Versuche zur christlichen Lehre vom Menschen, Mainz-Paderborn [6]1988, 102 f.

Wie kommt das? Was ist so schwer zu erfassen an diesem Menschen, was so geheimnisvoll?

Es gibt Menschen, von denen sagt man, sie seien zu Lebzeiten schon eine Legende, die haben eine Aura um sich, denen sitzen Tausende zu Füßen – und doch, was in ihrem Inneren vorgeht, bleibt letztlich unerkannt. Das sind Menschen, die sind schon als Lebende eine Art Ikone. Sie sind gekennzeichnet durch eine eigentümliche Unberührbarkeit. Sie entziehen sich schüchtern und zerbrechlich jedem Zugriff – und doch fesseln sie die Aufmerksamkeit der Menschen, konzentrieren sie die Blicke ihrer Zeitgenossen auf sich. Sie tragen nach außen hin ein stilisiertes Erscheinungsbild, zumeist erkennbar an immer gleichen Accessoires in der Weise ihres Auftretens, ihrer Stimme, ihrer Gesten … Und doch, so einfach und durchschaubar ihr Wesen auf den ersten Blick erscheinen mag, bei genauerem Hinsehen und Hinhören ahnt man intuitiv, dass sich dahinter Abgründe und Brüche in der Lebensgestalt verbergen. Von ihnen geht etwas ungemein Faszinierendes aus – und gleichzeitig etwas Erschreckendes, etwas, das Betroffenheit auslöst. Fasziniert steht man vor der Genialität ihrer intuitiven Bögen, vor ihrer Fähigkeit zur Einsicht und Überschau der Dinge – betroffen weicht man nahezu unbewusst vor der schweigenden Schwermut zurück, die ihre Schau durchschwingt.

Diese eigentümliche Kombination von geistig denkerischer Klarheit und persönlich seelischer Undurchdringlichkeit macht das Faszinosum solcher Menschen aus. Sie sind zumeist Einzelgänger; sie haben unzählige Bewunderer und Verehrer, aber nur ganz wenige Freunde. Es sind menschlich seelische Grenzgänger und Gratwanderer; man steht staunend vor der lichten Höhe ihrer Geistigkeit und ahnt doch gleichzeitig das Schwindelerregende dieser Höhe: die Einsamkeit und die Abgründigkeit, über der sich solche Geister ständig bewegen müssen.

Was sie vortragen, so spürt man intuitiv, ist nicht einfach Weitergabe von Wissen, angelesenen oder intelligent kombinierten wissenschaftlichen Fakten. Es ist trotz aller, nein, gerade in aller Stilisierung Spiegel des eigenen Lebens. Letztlich, so ahnt man, verhandeln sie stillschweigend immer sich selbst, ihr eigenes Schicksal in all dem, was sie sprechen und schreiben.

Etwas von der Faszinationskraft, von der Fähigkeit, Menschen im Innersten anzurühren, betroffen zu machen, wird deutlich – aber auch etwas von der furchtbaren Gefährdung, die über solchen Charakteren lauert. Romano Guardini selbst deutet das einmal im Blick auf sich selbst in einem Brief an Reinhold Schneider an, als er diesen darum bat, sich nicht von der

Klarheit seiner Gedanken blenden zu lassen, sondern, so Guardini wörtlich, auf das *„geheime Erdbeben"* in seinen Schriften zu achten.[5]

Man hat versucht, der Eigenart Guardinis durch verschiedene Titel Ausdruck zu verleihen. Theoderich Kampmann, der Paderborner, später Münchner Professor für Religionspädagogik hat ihn einmal einen *„zeitgenössischen Kirchenvater"*[6] genannt. Am treffendsten jedoch scheint mir ein Außenstehender das Geheimnis Guardinis eingefangen zu haben: der Arzt und Psychotherapeut Viktor von Weizsäcker. Er bezeichnete Guardini einmal als *„Märtyrer der geistigen Versuchungen"*.[7] Was mag er damit gemeint haben?

„Geistige Versuchungen" stehen, mehr noch als die körperlichen und materiellen, in einem sehr innigen Verhältnis zu Wesen und zu Eigenart der jeweiligen Person. Sie betreffen, ja treffen regelrecht mitten hinein in das Lebensgeheimnis des einzelnen Menschen, in dessen Einmaligkeit und Berufung vor Gott.

Das nun trifft in besonderer Weise auf Menschen zu, die Faszinationskraft für andere besitzen, die eine Aura um sich herum bilden, in deren Schatten sie beständig ihr eigenes Leben, ihr eigenes Schicksal verhandeln. Von der Weise, wie sie mit den ihnen eigenen geistigen Versuchungen umgehen, hängt verständlicherweise ungleich mehr ab als beim „durchschnittlichen" menschlichen Typus. Sie können mit ihrer Faszinationskraft spielen, sie ausspielen, zumal, wenn sie noch sprachlich, rhetorisch begnadet sind. Sie können durch ihre Genialität die Mittelmäßigkeit der sie umgebenden Geister beschämen, sie können ihre eigenen Wunden, die ungelösten Brüche ihrer eigenen Lebensgestalt glänzend nach außen hin kehren und zu subtil zustechenden Waffen ihrer Sprachkunst machen. Sie können aber auch – und das wollte wohl Viktor von Weizsäcker über Guardini sagen – ständig mit diesen geistigen Versuchungen ringen und ein von der Au-

[5] Der Brief Guardinis ist nicht mehr erhalten. Reinhold Schneider geht jedoch in einem Antwortbrief unmittelbar auf Guardinis Schreiben ein: „Ich werde nun Ihre Werke lesen, indem ich auf das geheime Erdbeben achte …; welche Liebe zu den Menschen dieser Zeit, welche seelsorgerliche Verpflichtung gehören dazu, um die Tiefen zu verschweigen, die Tag für Tag bestanden sein sollen! Aber eben diese Bedrohung ist ein Geheimnis Ihrer Wirkung. – Ich fühle mich jede Nacht am Grunde eines Ozeans der Räume und Zeiten, in dem die Offenbarung zu versinken droht. Es wird mir oft ein Trost sein, daß Sie der Unbegreiflichkeit unseres Glaubens ausgesetzt sind." Der Antwortbrief Reinhold Schneiders findet sich abgedruckt in: Messerschmid F., Geleitwort, zu: Schmidt P., Die pädagogische Relevanz einer anthropologischen Ethik. Eine Untersuchung zum Werk Romano Guardinis, Düsseldorf 1973, 12.

[6] Kampmann Th., Das Geheimnis des Alten Testaments, München 1962, 353.

[7] Weizsäcker V. von, Begegnungen und Entscheidungen, Stuttgart 1949, 33.

ßenwelt zumeist nicht wahrgenommenes, schweigendes, inneres „Martyrium“ vollbringen.

Worin bestand dieses geistige Martyrium Guardinis, des viel verehrten und doch einsamen Grenzgängers vor dem Herrn? Versuchen wir uns dem Geheimnis dieser Person von dessen Lebensgeschichte her zu nähern.

1885 wird er in Verona (Italien) geboren. Schon kurze Zeit später siedelt die Familie aus beruflichen Gründen nach Mainz über. Eine italienische Familie, mit ihrem typischen Familienzusammenhalt, in Deutschland! Guardini wächst durch die Mutter behütet ganz nach innen hin, ins familiäre Haus gewendet auf. Es entwickelt sich ein nach außen hin schüchterner, introvertierter Mensch, feinfühlig und hoch intelligent, aber weltfremd und unbeholfen. Die erste Krise scheint vorgezeichnet: Nach dem Abitur sieht er sich völlig orientierungslos in die Welt entlassen. Was studieren? Er „wählt“ Chemie, nur weil zufällig der Schüler neben ihm sich für dieses Fach interessierte. Die Katastrophe war unaufhaltsam. Nach zwei Semestern bricht er das Studium ab, geht nach München, um Nationalökonomie zu studieren. In seiner Lebensbeschreibung vermerkt er hier: dieselbe „traurige Komödie“ wiederholte sich. Er ist völlig am Ende. Da hat er zusammen mit seinem Freund Karl Neundörfer ein grundlegendes Bekehrungserlebnis. Es geht ihm mit einem Schlag der Satz aus dem Evangelium auf: „Wer seine Seele festhalten will, der wird sie verlieren! Wer aber seine Seele hingibt, der wird sie gewinnen“ (Mt 10,39). Der mit Skrupel beladene, introvertierte junge Mann erkennt, dass er aus sich heraus muss, sich nicht in sein Grübeln, in seine Schwermut einspinnen darf. Sich hergeben, aus sich herausgehen – aber wohin? Er war doch seiner eigenen Wahrnehmung nach in eine völlig wirre, moderne Welt entlassen! Wem könnte er sich anvertrauen, wer könnte ihn aus dem „letzten Schlupfwinkel seiner Selbstbehauptung“ herausziehen? Da entdeckt er die Kirche als objektive Instanz, als schöpferische Kräfte freisetzendes Gegenüber, das den Menschen aus seiner selbst gezimmerten Eigenwelt und ihren eigengestrickten Göttern herausziehen kann. Und es vollzieht sich eine radikale geistige Kehrtwende: *„Kopernikanische Wendung“* nennt er sie in Anlehnung an jenen großen Astronomen, der das Zentrum des Weltbildes von der menschenbewohnten Erde zur Sonne hin verlagerte – und er vollzieht diese Wende aufgrund seiner scharfen Geistigkeit und durchdringenden Logik radikal. Er schreibt:

> „Wir waren dezidiert nicht-liberal. Wir nahmen das, was die liberale Haltung als Beunruhigung und Fessel empfunden hatte, zur Basis des Denkens und machten die Erfahrung, daß sich uns erst durch diese ‘kopernikanische Wendung’ des gläubigen Geistes die Tiefe und Fülle der hl. Wahrheit erschloß; uns aber außerdem ein Blick auf die Welt hinzugeschenkt wurde, wie

> ihn die liberale Haltung mit ihrem beständigen Hinüberschielen zur profanen Wissenschaft und ihrer verbitterten Opposition gegen die kirchliche Autorität nicht hatte."[8]

Man sieht die Konsequenz, mit der er diese Bekehrung seines Geistes durchführt: gegen den liberalen, auflöserischen Zeitgeist, für den kirchlichen Standpunkt und gegen jede anpäßlerische Tendenz. Man spürt die Schärfe des Geistes – aber auch die Gefahr des Fanatismus. So sagt er selber rückblickend:

> „Wäre ich mir selber überlassen gewesen, dann hätte das Erlebnis zuerst meiner Ratlosigkeit und dann jener Bekehrung des Denkens mich wahrscheinlich zum Fanatiker gemacht."[9]

Wie aber ist er dieser Gefahr entgangen? An dieser Stelle beginnt das große Schweigen Guardinis. Das Schweigen mancher Menschen kann beredter sein als ihr Sprechen. Es lohnt sich bei großen Menschen immer auf das zu achten, worüber sie schweigen, was sie verschweigen. Der im Jahr 1997 in Münster verstorbene katholische Philosoph Josef Pieper hat das einmal in Bezug auf Goethe in einem kleinen Bändchen *Über das Schweigen Goethes* eindringlich aufgezeigt:

> „Nichts", schreibt er, „war mir überraschender und unerwarteter als dies: zu gewahren, wie sehr das Eigentliche dieses Lebens sich in einer sorgfältig eingehegten Verborgenheit zugetragen hat, wie sehr der so mitteilsam Scheinende, mit aller Welt Korrespondierende dennoch die Mitte seines Daseins niemals hat zu Wort bringen wollen."[10]

Was ist diese verschwiegene Mitte, das persönliche Geheimnis Guardinis? In einer etwas sonderbaren Rede anlässlich der Feier seines achtzigsten Geburtstages in der Münchner Universität stellt sich der alte Guardini rückblickend selbst die Frage nach dem „Eigentlichen" seines Lebens – und zwar unter Verweis auf ein platonisches Phänomen. Er schreibt: „Es kommt einem nur langsam zu Bewußtsein, bildet aber dann den Schlüssel zu Vielem: die platonische Ironie."[11]

Und er versucht sich der Frage zu nähern, wie Platon sein „Eigentliches" zur Sprache gebracht habe, „wenn er zur geistigen Öffentlichkeit sprach".

[8] Guardini R., *Berichte über mein Leben,* Düsseldorf 1984, 86.
[9] A.a.O.
[10] Pieper J., Über das Schweigen Goethes, München ^{2}1962, 11.
[11] Guardini R., Stationen und Rückblicke, Würzburg 1965, 44.

„Hier", so Guardini wörtlich, „hat er es in einer Weise getan, die das Wort ‚Ironie' nahebringt."[12] Mit dieser Ironie meine Platon jedoch keinen unterschwelligen Skeptizismus, sondern ein Erlebnis der Wahrheit als ein „excessivum", die Erfahrung einer unsagbaren Sinn-Macht der Wahrheit, die eben nicht nur logisch durchschaubare „Richtigkeit und Klarheit der Einsicht"[13] bedeute und die den Erkennenden immer im Zustand der Ungemäßheit hinterlasse. Aus dem Bewusstsein dieser Inkommensurabilität entspringe die Ironie, aus der „aber nicht Skepsis, sondern höchste Zuversicht"[14] hervorgehe, Zuversicht, mit der auch der Tod bestanden werden könne.[15]

Die schweigende, aber durchschwingende Ironie Guardinis umschließt eine Wahrheitserfahrung, die ein „excessivum" beinhaltet: eine Grenzerfahrung, die zur Gottesbegegnung wurde. Diese ist Mitte seines Lebens im doppelten Sinn – innere Herzensmitte, die er sich, das ist meine These, in der Mitte seines Lebens, als er etwas über vierzig Jahre alt war, erringen musste. Äußerlich sah zu diesem Zeitpunkt alles nach Karriere aus: er hatte Theologie studiert, war Priester geworden, Kaplan, dann Promovend, hatte habilitiert und – eine außergewöhnliche Auszeichnung – einen eigenen, nur auf seine Person zugeschnittenen Lehrstuhl für Religionsphilosophie und katholische Weltanschauung in Berlin erhalten. Dazu kam die positive Aufbruchstimmung im Katholizismus nach dem Ersten Weltkrieg. Mitten hierein treffen mehrere Ereignisse und Schicksalsschläge, und zwar jeweils zur selben spätsommerlichen Zeit. Guardini durchlebt am Comersee jenen kulturkritischen Schock, der ihn, das zeigen die berühmten Briefe vom Comersee, in denen schon die spätere These vom Ende der Neuzeit aufleuchtet, auch existenziell in tiefste Fragen und Nöte hineindrängt, aus denen er sich nur äußerst mühsam befreien kann. Am 13. 8. 1926 stirbt dann sein bester Freund Karl Neundörfer tragisch durch einen Bergunfall. Guardini wollte mit ihm zusammen in die Ferien fahren, hatte aber noch eine Verpflichtung übernommen. Also fuhr Neundörfer vor Guardini ins Engadin – und verunglückte tragisch bei der ersten Tour durch den Sturz in eine Gletscherspalte. Ein Jahr später verstirbt am 17.8. Maria Knoepfler ebenso tragisch, eine großartige Frau, die Guardini schon seit seiner Doktorandenzeit kannte – und mit der er einen tiefen geistigen Austausch pflegte. Was nun in diesem hochsensiblen Menschen vorging, kann man nur erahnen – er selbst schweigt sich darüber weitgehend aus. Lediglich an

[12] A.a.O., 47.
[13] A.a.O., 46.
[14] A.a.O., 50.
[15] Vgl. a.a.O., 46.

einzelnen Stellen in seinem Werk, verschlüsselt in die Gestalten, die er interpretiert, blitzt das Unsägliche auf. In seinem Buch über die Bekehrung des hl. Augustinus schreibt er von einer Jugendfreundschaft Augustins – und von dem Tod dieses Freundes:

> „Diese Freundschaft ist wohl die große Herzenserfahrung seines Lebens gewesen. Fünf … Kapitel erzählen über seinen Schmerz. Sie haben einen aus dem Innersten kommenden Klang … Dieses Leid muß Augustins Herz geweckt haben; jenes Innerste, das in der Erfaßtheit des Gefühls die Person des Anderen erblickt, im äußeren Geschehen geistige Vorgänge erfährt und so eigentlichen Schicksals fähig wird."[16]

Hier spiegelt er sich selber – das Schicksal trifft den Logiker ins Herz. Stillschweigend wird aus dem radikalen Denker ein Mensch des verwundeten Herzens, des Mit-Leids im wahrsten Sinne. Er lernt unberechenbares, logisch nicht ergründbares Schicksal in sein Innerstes hineinzunehmen. Das führt in die eigentliche Krise seines Lebens. Und wieder trifft er in der Augustinus-Deutung letztlich sich selbst: „Vor der Schärfe des Sehens verschließt sich das Herz in die ‚stumme Angst'."[17]

„Vor der Schärfe des Sehens" – er bleibt der hellwache, radikale Geist – „verschließt sich das Herz in die ‚stumme Angst'": aber nun spürt er sein verwundetes Herz. Und es beginnt eine, wie er sagt, „langsame Umwandlung", ein „langsamer Umbau der ganzen inneren Welt". Geist und Herz, Logik und Schicksal müssen zusammenkommen – und das Innere muss geweitet werden, es wird gütiger, barmherziger, mit-leidender. Wieder schreibt er an einer anderen Stelle – im Grunde aber immer über sich selbst:

> „Da lebt ein Mensch, von bestimmter, deutlich durchschaubarer Veranlagung … Wer ihn kennt, der kennt seinen Charakter, seine Möglichkeiten, und weiß ungefähr die Linie, welche seine Entwicklung nehmen wird … In seinem Innersten aber ist das Geheimnis der Bereitschaft, und querhin durch alles, was er tut und bewußt will, vollzieht sich von innen her eine Umwandlung. Etwas ist da, das öffnet ihn immer mehr für Dinge, die ihm vorher verschlossen waren. Über alle errechenbaren psychologischen Möglichkeiten hinaus wird er immer weiter, reicher, klarer und gütiger. Eine langsame Umwandlung geschieht; so leise, daß … vielleicht nur der Freund, bei Ge-

[16] Guardini R., Die Bekehrung des Aurelius Augustinus, Mainz-Paderborn ^{4}1989, 176 f.
[17] A.a.O., 175.

> legenheit aufgeschreckt, das Geschehene sieht … Die Umwandlung geht bis ins Gesicht, bis an den Ton der Stimme …"[18]

Was ist hier geschehen?

In der Mitte seines Lebens, als sich so gerade ihm, dem Schüchternen und Zauderer, die Linien seines Lebensweges zu klären scheinen, als er Aufgaben erhalten hatte, die nun den Lebensweg aufwärts hätten führen können, mitten dort hinein trifft ihn der Tod, die existenzielle Todesfrage.

Sie trifft auf einen Menschen, der von der Mutter her schon eine schwermütige Veranlagung mitbringt. Guardini setzt sich intensiv mit dem dänischen Existenzphilosophen und Theologen Sören Kierkegaard auseinander. Und wiederum beschreibt er das Innere Kierkegaards so genau, dass man erahnen kann, wie sehr er sich in ihm selbst wiedergefunden hat:

> „Ein Mann der tausend Möglichkeiten und tausend Masken. Unerhört wach; allezeit neben sich stehend. Beobachter von einer Schärfe, die fragen macht, wie hinter ihr noch Leben möglich gewesen sei …; immerfort sich im Auge haltend; wiederum auf jenen spähend, der da beobachtet; diesen beiden als Dritter zur Seite, den Blick auf sie geheftet, und so fort in die grelle Reflexreihe der gegeneinander gestellten schlaflosen Spiegel des Ich und Wider-Ich …"[19]

Die „gegeneinander gestellten schlaflosen Spiegel des Ich und Wider-Ich" – könnte man treffender die innere Zerrissenheit umschreiben? Wie ist er, Guardini, ihr entronnen, sodass er den *„Sinn der Schwermut"*, den Sinn der Todeserfahrung für sich entdecken konnte?

An dieser Stelle wäre nun über Guardinis langen Weg zum Verständnis von Dantes Göttlicher Komödie ausführlich zu referieren, was den Umfang eines Kurzreferates natürlich erheblich sprengte. Festzuhalten ist jedoch, dass das Dante-Erlebnis einen Schlüssel für Guardinis Denken bildet und dass die Entdeckung der visionären Dimension in der *Divina Commedia* genau in jene Lebensphase Ende der Zwanzigerjahre des vergangenen Jahrhunderts hineinfällt, von der eben gesprochen wurde. Mit dieser überwältigenden Erfahrung visionärer Schau, mit diesem gewonnenen Perspektivpunkt des Dichters und Sehers, der gleichzeitig Grenzgänger und Schwellengestalt ist (denn für Guardini gilt – insbesondere in Hinblick auf Dante –, dass „eine Zeitgestalt … erst sichtbar wird, wenn sie sinkt"[20]),

[18] Ders., Lebendiger Geist, in: Unterscheidung des Christlichen, Mainz 1935, 167.
[19] Ders., Der Ausgangspunkt der Denkbewegung Sören Kierkegaards, in: a.a.O.., 474.
[20] Ders., Das Ende der Neuzeit, 9, vgl. auch a.a.O., 30.

gewinnt er nun in der Mitte seines Lebens die „Grenze" als Lebens- und Denkraum. Sein erstes großes interpretatorisches Werk, seine Dostojewskij-Deutung, mit der er einen fast ein Jahrzehnt zuvor gegebenen Ratschlag Max Schelers aufgreift, erscheint Anfang der Dreißigerjahre und spiegelt, nun aber konfrontiert mit dem neuzeitlichen Chaos, das er für ein Konstitutivum von Dostojewskijs Weltbild hält, den anhand von Dante gewonnenen visionären Standpunkt wider, der sich nun – auch und gerade angesichts des konstitutiven Chaos' – als tragfähig erweist. In beiden Interpretationen, der Dostojewskijs und der Dantes, stellt Guardini eine Gestalt an exponierte Stelle, die ich für eine Schlüsselgestalt bei Guardini, ja geradezu für eine Selbstspiegelung eigener Identität halte: die Gestalt des Engels. Was sich in der kleinen Dante-Deutung von 1937 mit dem Titel *„Der Engel in Dantes Göttlicher Komödie"* zum durchgängigen Motiv entwickelt, spitzt sich in der Dostojewskij-Interpretation im vierten und mittleren Kapitel auf eine Grenzsituation zu, hinter der sich ein bodenloser Abgrund auftut. Der „Cherub" als der Wahrheitsengel hat die existenzielle Aufgabe, mahnendes Gewissen und grenzsetzendes Kriterium zu sein, sich „quer"-zustellen gegen jede allzu schnelle Vereinnahmung Gottes durch das menschliche Denken, und sei es um den Preis des Ärgernisses. Ja, das „Ärgernis" wird zum Erkennungszeichen der Offenbarung schlechthin.

Mit eiserner Konsequenz beginnt Guardini allen Denkern einfacher, plausibler Lösungen den „Quer-Verweis" zu erteilen. Die Offenbarung, der Glaube, so der Kehrvers seiner Theologie, steht *„quer"* zu allen innerweltlichen Träumen und Utopien. Und erst, wenn wir den Querbalken mit in unser Inneres nehmen, entsteht jene zunächst schmerzhafte Schnittstelle, in der sich Geist und Herz miteinander vermählen, und jener Raum des wahren Mit-Leids eröffnet sich, in dem wir der gekreuzigten Liebe unseres Gottes begegnen.[21] So entsteht jener Raum über die Grenze des Todes hinweg, in dem der Mensch dem Auferstandenen mit seinen glorreichen Wundmalen begegnen und der „Eiserne Vorhang" des Todes von oben bis unten zerreißt und die neue, lebendige Grenze entsteht, die, wie Guardini sagt, *„atmende Grenze, im Heiligen Geist, dem 'Odem Gottes', atmende Grenze":*

> „Der Christus", schreibt er, „der Auferstandene und Verwandelte, steht nun am Rand der Welt, von oben herab und von innen herauf. Er ist Mittler und als solcher ihre lebendige Grenze … Von dieser Grenze her wird immerfort die neue Welt."[22]

[21] Vgl. hierzu das siebte Kapitel in der Dostojewskij-Deutung „Ein Christussymbol".
[22] Ders., Welt und Person, Mainz-Paderborn ^{6}1988, 102 f.

Diese Grenzerfahrung bildet das innere Geheimnis Guardinis – an dieser Grenze seines Lebens, Todesgrenze seiner Schwermut, ist er dem Herrn begegnet. Und als er vor 1937 sein großes Christus-Buch „*Der Herr*" herausgibt, da spricht in diesem Herzstück seines geistigen Vermächtnisses auf die typisch guardinisch verschwiegene Weise alles von dieser, seiner Lebensbegegnung mit Christus und von dem neuen Atem- und Lebensraum, der ihm dadurch geschenkt wurde.

Guardini hat den Querbalken seines Schicksals nicht nach außen gewendet – und schon gar nicht anderen angehängt oder aufgebürdet. Er, der glasklare Geist und unerbittliche Logiker, hat ihn ins eigene Herz hineingenommen und nach und nach entdeckt, dass Schicksal letztlich Vor-Sehung eines Anderen ist. In diesem geheimen Herzensraum entstand seine „*theologia cordis*", seine Theologie des Herzens.

Deus caritas est – Von welcher Liebe ist die Rede?

Ein Spannungsbogen von Romano Guardini zu Joseph Ratzinger

Peter Schallenberg

1. Logik trägt Ethik

„Eine meiner ersten Lektüren nach dem Beginn des Theologiestudiums zu Anfang des Jahrs 1946 war Romano Guardinis schmales Erstlingsbuch ‚Vom Geist der Liturgie' … Diese kleine Schrift hat dazu geführt, dass man sich mühte, die Liturgie ‚wesentlicher' zu feiern …"[1] Wohl nicht zufällig erwähnt Joseph Ratzinger zu Beginn seines Buches „Der Geist der Liturgie", dessen Titel ganz deutlich Bezug nimmt auf Guardinis berühmtes Erstlingsbuch, diese erste prägende Lektüre seines Theologiestudiums, und überhaupt nicht zufällig durchzieht der Gedanke vom wesenhaften Zusammenhang von Kult (als Liturgie), Dogmatik und Ethik wie ein verborgener roter Faden sein theologisches Denken. Man geht nicht fehl, wenn man im Hintergrund des gesamten theologischen Denkens von Joseph Ratzinger, insbesondere in dessen liturgischer und ethischer Ausprägung, den fast verborgenen Einfluss von Romano Guardini sieht, gebündelt vielleicht am besten in dem großen programmatischen Begriff der Liebe, als die sich Gott offenbart. Gar nicht zufällig trägt die erste Enzyklika von Papst Benedikt XVI. den Titel „Deus caritas est", und verdeutlicht damit eine grundlegende Idee im Denken von Romano Guardini, nämlich des Primats des Logos Gottes vor dem Ethos des Menschen. Es geht um die „fordernde Macht des Guten" in der fleischgewordenen Person des Gottessohnes[2], es geht um den genuin christlichen Primat des Logos vor dem Ethos, den Romano Guardini so oft in seinen Schriften betont, um den Primat des geschenkten johanneischen Sinnes vor der zugreifenden faustischen Tat. Das ist im Tiefsten das Thema des Buches zur Liturgie: Eine Aussage über den Menschen schlechthin. Interessant ist hier ein Hinweis des Zeitgenossen Max Scheler: „Das Kapitel über „Logos und Ethos" ist ganz besonders notwendig gewesen – gerade in einer Zeit, in der der Johannestext gegenüber dem falschen und durch unsere Niederlagen in einem Riesenexperiment als falsch auch erwiesenen

[1] Joseph Ratzinger, Der Geist der Liturgie, Freiburg/Br. 2000, 38.

[2] Vgl. Eberhard Schockenhoff, Die fordernde Macht des Guten. Romano Guardini über den Ursprung der Moral, in: Peter Reifenberg (Hg.), Einladung ins Heilige. Guardini neu gelesen, Würzburg 2009, 87–107.

„Am Anfang war die Tat" wiederherzustellen ist."[3] Es geht, kurz gefasst, um die Bestimmung der Anthropologie her von der Christologie[4]: Hier geschieht, wie Romano Guardini im Blick auf die Seligpreisungen unterstreicht, wirklich eine „Umwertung aller Werte": „Unser natürliches Empfinden nimmt Anstoß an der Bergpredigt, und es ist viel besser, wir lassen diesen Anstoß heraus und suchen mit ihm fertig zu werden, als daß wir die Worte Jesu für fromme Selbstverständlichkeit nehmen. Das sind sie nicht. Sie erschüttern die „Welt" vom „Himmel" her. Und wer sie falsch versteht, ist nicht nur das Ärgernis, das erklärt, die Welt genüge sich selbst, sondern auch die gedankenlose Selbstverständlichkeit, welche die Seligpreisungen annimmt, aber innerlich nicht vollzieht; die Mittelmäßigkeit, welche die eigene Schwäche den starken Forderungen der Welt gegenüber mit ihnen deckt, die scheinfromme Kümmerlichkeit, die das Kostbare der Welt vom Christlichen her schlechtmacht."[5] Dieser Primat des Logos und der Logik Gottes bedeutet: Im Bild des liebenden Vaters wird das Urbild des Gottesebenbildes deutlich und klar. Schon in seinem frühen und schon reifen Werk „Einführung in das Christentum" aus dem Jahre 1968 formuliert daher Joseph Ratzinger prägnant und programmatisch mit Blick auf den zentralen Begriff der christlichen Liebe: „Vom christlichen Glauben gilt demnach: Der Mensch kommt zutiefst nicht zu sich selbst durch das, was er tut, sondern durch das, was er empfängt. Er muss auf das Geschenk der Liebe warten, und Liebe kann man nicht anders denn als Geschenk erhalten. Man kann sie nicht selber, ohne den anderen „machen", man muss auf sie warten, sie sich geben lassen. Und man kann nicht anders ganz Mensch werden, als indem man geliebt wird, sich lieben lässt. Dass die Liebe des Menschen höchste Möglichkeit und tiefste Notwendigkeit in einem darstellt, und dass dies Nötigste zugleich das Freieste und Unerzwingbarste ist, das bedeutet eben, dass der Mensch zu seinem Heil auf ein Empfangen angewiesen ist. Lehnt er es ab, sich solchermaßen beschenken zu lassen, zerstört er sich selbst. Eine sich selbst absolut setzende Aktivität, die das Menschsein allein aus Eigenem leisten will, ist ein Widerspruch zu seinem Wesen."[6] Erläuternd verweist Ratzinger übrigens unmittelbar im Anschluss auf Louis Evely und dessen existenztheologische Interpretation des adamitischen Sündenfalles: „Die ganze Geschichte der Menschheit wurde irregeführt, bekam einen Bruch

---

[3] Max Scheler, Brief an Guardini vom 4. 7. 1919, Bayrische Staatsbibliothek München, Ana 342, zit. bei Albrecht Voigt, Wirkliche Göttlichkeit oder göttliche Wirklichkeit? Die Herausforderungen der Gegensatzproblematik in Romano Guardinis latentem Gespräch mit Friedrich Nietzsche, Dresden 2017, 301.

[4] Vgl. Gunda Brüske, Anruf der Freiheit. Anthropologie bei Romano Guardini, Paderborn 1998.

[5] Romano Guardini, Der Herr, Mainz 1997, 82.

[6] Joseph Ratzinger, Einführung in das Christentum, München 1971, 193.

wegen Adams falscher Gottesvorstellung. Er wollte wie Gott werden. Ich hoffe, dass ihr niemals die Sünde Adams hierin saht … Hatte Gott ihn nicht dazu eingeladen? Adam hatte sich nur im Vorbild getäuscht. Er glaubte, Gott sei ein unabhängiges, autonomes, sich selbst genügendes Wesen; und um wie er zu werden, hat er sich aufgelehnt und Ungehorsam gezeigt.“[7]

2. Kult und Pascha-Liturgie

Das Nachdenken über das innere Aufbauprinzip des christlichen Glaubens, über die Liebe also, entzündet sich für Ratzinger am Kult, an der gefeierten und geschenkten und geglaubten Liturgie; hier wird die absolute Liebe Gottes zuerst als uneinforderbares und doch zutiefst lebensnotwendiges Geschenk empfangen und verbürgt. Hier liegt das eschatologische Proprium des Christentums verborgen; in dieser Sicht ist die Liturgie vom Wesen her „Vorspiel des künftigen, des ewigen Lebens, von dem Augustinus sagt, dass es im Gegensatz zum jetzigen Leben nicht mehr aus Bedürfnis und Notwendigkeit gewoben ist, sondern ganz aus der Freiheit des Schenkens und Gebens.“[8] Biblisch gesehen und vom Alten Testament her, ist der Kult Pascha-Liturgie, mithin ritualisierter Exodus: Der Auszug aus dem Sklavenhaus der Sünde und der daraus erwachsenden Unfreiheit und das Erreichen des Gelobten Landes, das an die Stelle des verlorenen Paradiesesgartens[9] tritt, um Gott dort zu dienen, besser: um Gott dort zu genießen – „frui Deo“ lautet beim hl. Augustinus die kurze und lakonische Definition der Ewigkeit. Ein Land, in dem Milch und Honig der Liebe und Zuwendung Gottes fließen, das Gegenbild zum Schweinepferch des verlorenen Sohnes, der zwar seinen Hunger und seine überlebensnotwendigen Bedürfnisse mit den Futterschoten der Tiere hätte stillen können, jener Lebewesen, mit denen er den Drang zur Bedürfnisbefriedigung und zum Überleben teilt, dem aber kein Mensch, seinesgleichen also, der das wahrhaft gute Leben unter der Hülle des Überlebens sucht und suchen muss, gab von dem lebensnotwendigen Überfluss der Liebe, die er im Vaterhaus allzu eilfertig verlassen, und die er nun in schamhafter Erkenntnis seiner Schuld[10] und in der mühsamen Rückkehr und Buße der Bekehrung zum Anfang wiederzuge-

[7] Louis Evely, Manifest der Liebe. Das Vaterunser, Freiburg/Br. 1961, 26.

[8] Joseph Ratzinger, Der Geist der Liturgie, a.a.O., 8.

[9] Vgl. Odil Hannes Steck, Die Paradieseserzählung. Eine Auslegung von Gen 2,4b–3,24 (BSt 60), Neukirchen-Vluyn 1970.

[10] Vgl. dazu auch Maria-Sibylla Lotter, Scham, Schuld, Verantwortung. Über die kulturellen Grundlagen der Moral, Berlin 2012.

winnen sucht.[11] Romano Guardini weist immer wieder deutlich auf die notwendende und notwendige Aufarbeitung der Schuld des Menschen als verlorener Sohn des Vaters hin[12]: Schuld, die zuallererst darin besteht, die Annahme des eigenen und von Gott geschenkten Daseins nicht freien und frohen Herzens nachvollziehen zu können. Es ist dies gleichsam eine existenzielle Schuld, die theologisch Ursünde und Erbsünde genannt wird, ein Defekt im menschlichen Dasein, der zur Unmöglichkeit des Soseins führt.

3. Liturgie als Raum der Freiheit

Die Verbindung von kultischer und ethischer Anbetung Gottes bildet daher das innerste Wesen der Liturgie: „Letztlich ist das Leben des Menschen selbst, der recht lebende Mensch die wahre Anbetung Gottes, aber das Leben wird zu wirklichem Leben nur, wenn es seine Form aus dem Blick auf Gott hin empfängt. Der Kult ist dazu da, diesen Blick zu vermitteln und so Leben zu geben, das Ehre wird für Gott."[13] Die Liturgie bündelt brennglasartig die Erfahrung einer größeren Freiheit des Menschen zum Guten im Angesicht einer größeren Liebe, im Angesicht absoluter Liebe, im Angesicht Gottes, also dessen, der vom Wesen her *actus purus* ist, wie die Scholastik sagt: reine Notwendigkeit und reine Gutheit. Liturgie ist in dieser Sicht demnach befreite Freiheit zum Guten und zum Besseren, zum Schönen, in griechischer Diktion, nicht bloß zum Zweckdienlichen und Nützlichen. Im Hintergrund steht die grundlegende platonische Unterscheidung von *praxis* und *poiesis*, von Ausdruckshandlung im Feld der Ethik und Wirkhandlung im Feld der Technik, demnach auch die Unterscheidung von praktischer (ethischer) und theoretischer (mathematischer) Vernunft: Niemals versteht sich eine instrumentelle Handlung und eine Herstellung eines Zweckes von selbst; stets muss der Frage geantwortet werden, was denn das letzte Ziel des Zweckes sei. Und stets auch muss der Frage geantwortet werden, was denn das Ziel und der Inhalt des *bios*, des bloßen Überlebens sei, das der Mensch als tierliches Lebewesen mit den Tieren teilt, und das er dennoch aufgrund seiner Geistnatur gezwungen ist, zu überschreiten hin zur Frage nach der *zoé*, nach dem guten Leben, das allein eine ausreichende Rechtfertigung böte für ein langes Überleben. Es charakterisiert das Wesen der menschlichen Freiheit, sich der Frage nach dem letzten Sinn und der letzten Logik stellen

[11] Vgl. zum Hintergrund Peter Schallenberg, Ethik und Ewigkeit. Wegmarken einer spirituellen Moraltheologie, Paderborn 2016, 27–47.

[12] Vgl. Stephan Grätzel, Romano Guardini – Die Aufarbeitung der Schuld, in: Peter Reifenberg (Hg.), Einladung ins Heilige, a.a.O., 163–172.

[13] Joseph Ratzinger, Der Geist der Liturgie, a.a.O., 15.

zu können und zu müssen und dieser Frage nicht ausweichen zu dürfen: Das ist der Kern aller Ethik, der Dreiklang von Können, Müssen und Dürfen.

4. Kultur der Ethik

Ganz klar sieht Romano Guardini die Ethik nicht einfach im Feld des Natürlichen oder des naturhaften Daseins angesiedelt, sondern im Feld der Kultur, die erst eine sinnvolle Nutzung des geschenkten Landes und des geschenkten Lebens ermöglicht. Joseph Ratzinger folgt ihm hier. Kultur erwächst letztlich aus dem Kult, aus dem Opfer, aus dem Dank an Gott als Ursprung des Lebens und der Ewigkeit. Aus dieser Sicht erwächst dann der dreifache Weg von der bloßen Natur des Menschen zur Kultur des Rechts und der Ethik hin schließlich zum Glauben an einen personalen Gott.[14] Und genau hier liegt auch der innere Dreiklang von Kult, Recht und Ethos verborgen: „Moral und Recht, die nicht aus dem Blick auf Gott kommen, degradieren den Menschen, weil sie ihn seines höchsten Maßes und seiner höchsten Möglichkeiten berauben, ihm den Blick auf das Unendliche und Ewige absprechen ... Eine Ordnung der menschlichen Dinge, die Gott nicht kennt, verkleinert den Menschen. Darum sind letztlich auch Kult und Recht nicht gänzlich voneinander zu trennen: Gott hat ein Recht auf die Antwort des Menschen, auf den Menschen selbst ...“[15] Entscheidend ist die am Sinai aufscheinende Spannung zwischen dem inneren Land des Kultes – das ist das *forum internum* des Sakramentes und der Gnade, der Kirche im eigentlichen Sinn – und dem äußeren Land des Rechtes – das ist das *forum externum* des Gesetzes und der Gerechtigkeit, des Staates als Raum der Gerechtigkeit[16] – und der notwendigen Spannung zwischen diesen beiden geistigen Landschaften. Das innere Land erst, der Raum der Liebe Gottes, macht das äußere Land der Gerechtigkeit und des Gesetzes bewohnbar; erst vom Kult her gelingt der Weg zur Kultur. Und erst dieses Verständnis vom Kult als innerem Rückgrat einer zweiten Natur der Gerechtigkeit, die an die Stelle der ersten, verloren gegangenen Natur der Liebe getreten ist, ermöglicht ein rechtes Verständnis von Kultur, die der Kultivierung einer außerparadiesischen Lebensweise dient und dienen muss. Das Recht erscheint dann als ein institutionalisiertes Ethos und verbürgt das *minimum morale*, den moralischen Grundwasserspiegel des puren Überlebens, die minimale

[14] Vgl. Alfons Knoll, Glaube und Kultur bei Romano Guardini, Paderborn 1993.

[15] Ebd. 16.

[16] Vgl. dazu Ernst-Wolfgang Böckenförde, Wissenschaft – Politik – Verfassungsgericht, Berlin 2011.

Garantie an Gutheit, die notwendig ist, um ein menschliches Zusammenleben zu ermöglichen. Anders gesagt: Recht garantiert ein friedfertiges Leben, kein Leben des Friedens. Friede ist das Werk der Gerechtigkeit, aber erst, wenn Gerechtigkeit und Recht sich in Liebe vollenden.

5. Naturrecht als Personrecht

Recht und Ethik sind im Kern keine menschlichen Machwerke, auch wenn sie dem Bereich der geschaffenen und verschriftlichten Kultur zugehören. Recht und Moral – und hier begründet sich die scharfe Frontstellung von Joseph Ratzinger zum Rechtspositivismus, etwa eines Hans Kelsen – sind Ausformulierungen des von Gott in die menschliche naturhafte Vernunft gelegten Ursinnes einer lebensdienlichen Welt. Anders gesagt: Recht und Ethik gründen in jener Art von Naturrecht, die auch als Vernunftrecht, oder besser noch als Personrecht bezeichnet werden kann. Es ist dies eine dem Menschen vorgegebene Einsicht in das wahrhaft Gute, das unter Umständen der eigenen Bedürfnisbefriedigung und den eigenen, zumal kurzfristigen Interessen diametral entgegengesetzt sein kann. Den Spuren der liebenden Logik Gottes spürt der Mensch nach mit den Kräften der Vernunft. Er kann das, weil jene Logik Gottes, von der im Prolog des Johannesevangeliums die Rede ist, sich offenbart und greifbar wird im Raum der Liturgie. Was sich hier an griechischer Schönheit der Seele und an römischer Würde des Menschen, was sich hier an *doxa* Gottes enthüllt, wirft ein helles Licht auf die absolute Würde des Menschen. Joseph Ratzinger unterstreicht im Anschluss an die scholastische Transzendentalienlehre und das dort entwickelte berühmte Axiom „ens et bonum et verum et pulchrum convertuntur": „Gott selbst ist Logos – Sinn, Vernunft, Wort – und darum entspricht ihm der Mensch durch die Öffnung der Vernunft und das Eintreten für eine Vernunft, die für die moralischen Dimensionen des Seins nicht blind sein darf. Denn Logos bedeutet eine Vernunft, die nicht bloß Mathematik ist, sondern die zugleich Grund des Guten ist und die Würde des Guten verbürgt."[17] Gut aber ist einzig die innere, von Gott angeschaute und „idealisierte" Schönheit der menschlichen Seele und damit jeder menschlichen Person, und diese Schönheit – als Würde über jeden Preis und Zweifel erhaben – ist vom Recht her unbedingt zu schützen. Das innere Land des Kultes, dem das äußere Land von Recht und Ethik entsprechen soll, ist Gottes eigenes Land, Raum seiner unbegrenzten Freiheit und Liebe. Insofern

[17] Joseph Ratzinger, Auf der Suche nach dem Frieden, in: Ders., Werte in Zeiten des Umbruchs, Freiburg/Br. 2005, 123–137, hier 134.

ist die Liturgie wirklich Vorgriff und Vorspiel der guten Ewigkeit Gottes – und das äußere Land in den Institutionen einer rechtsstaatlichen Politik ebenfalls Ausblick auf die ewige Gutheit Gottes, der den Menschen ruft und ihm Gelegenheit zur Antwort gibt. Diese Antwort aber erfolgt in Form der Feier von Gottes Gegenwart und der Rechtsprechung des Gesetzes. Folgerichtig heißt es daher in der Präambel des deutschen Grundgesetzes: „In Verantwortung vor Gott und den Menschen …"

6. Politische Theologie

Damit kommt der Raum des politischen Handelns und einer eigentümlich augustinisch imprägnierten Geschichtstheologie in den Blick, die vom Innen zum Außen, von der Tugend des Herzens[18] zur Institution des Staates geht. Für Romano Guardini erwächst genau daraus die Verpflichtung zum Bau des Staates, nicht zuletzt im Blick auf Europa, eine Pflicht, der sich die griechische Philosophie an entscheidender Stelle entzogen hatte: „Wir tragen als Element unserer Bildung die Vorstellung der antiken griechischen Kultur in uns, und ich brauche über deren formenden Wert kein Wort zu verlieren. Doch darf nicht vergessen werden, was die Graecophilen so gern übersehen: dass die Griechen vor der höchsten Aufgabe, die ihnen gestellt war, nämlich die Schaffung eines die Lebensfülle aller Stämme zusammenfassenden Staates, versagt haben."[19] Staat aber meint in augustinischer Tradition und Deutung nichts anderes als das *minimum morale* in der Geschichte, als Institution und Garantie des Grundrechtes auf Leben und Unversehrtheit. Staat ist das ferne Echo der verlorenen und doch stets ersehnten Liebe, die kümmerlich zwar und dennoch notwendig als Gerechtigkeit überlebt. Eric Voegelin, dessen geschichtstheologischem Denken sich Joseph Ratzinger verbunden weiß, kennzeichnet einmal die alte chiliastische Geschichtstheorie des Joachim von Fiore – mit einem immanenten Ziel von Geschichte und Welt – als eine neue Form der Gnosis und unterstreicht mit Blick auf eine daraus entstandene neue politische Theologie: „Aus der joachitischen Immanentisierung ergibt sich ein theoretisches Problem, das weder im Altertum noch im orthodoxen Christentum vorkommt, nämlich

[18] Vgl. Bruno Kurth, „… Etwas Lebendiges und Schönes …" Romano Guardini über Tugenden, in: Peter Reifenberg (Hg.), Einladung ins Heilige, a.a.O., 109–126, mit Blick natürlich auf Romano Guardini, Tugenden. Meditationen über Gestalten sittlichen Lebens, Mainz 1992.

[19] Romano Guardini, Europa – Wirklichkeit und Aufgabe. Rede nach der Verleihung des „Praemium Erasmianum" zu Brüssel am 28.4.1962, in: Ders., Sorge um den Menschen, Würzburg 1962, 253–270, hier 269.

das Problem eines *eidos* in der Geschichte."[20] Hier liegt eine Wurzel des von Romano Guardini wie auch von Joseph Ratzinger so oft und immer wieder angemahnten notwendigen christlichen Platonismus, sonst wird der Mensch in verhängnisvoller Weise auf seine individuelle Geschichtlichkeit reduziert: Mensch und Menschheit finden dann ihre Erfüllung und ihre teleologische Vollkommenheit nicht mehr jenseits von Natur und Geschichte, also im Eschaton, sondern sie vollenden sich immanent, in der Form des besten Staates, der doch in Wahrheit nur Platzhalter der besten Ewigkeit sein kann. Dies aber führt zur Verzweckung des Individuums zugunsten immanenter Ziele und Zwecke; das Individuum wird nur noch als austauschbarer Protagonist eines bestmöglichen innerweltlichen Fortschritts der Menschheit verstanden. Geschichte ist dann nicht mehr augustinische *distentio animae*, Ausdehnung und Entfaltung der Seele, sondern Entwicklung der Welt auf ein immanentes Ziel hin, und dies im Zweifelsfall mit dem Instrumentarium der Revolution. Joseph Ratzinger formuliert den Gegensatz so: „Der Mensch braucht nicht Lehrmeister der Empörung (die kann er selbst), sondern Lehrmeister der Verwandlung, die in der Tiefe des Leides die Freude aufdecken und da, wo Wohlbehagen endet, das wahre Glück aufschließen. Wer den Sonnengesang des hl. Franziskus liest, wer diesen Menschen verstehen lernt, der im Zusammenhang seiner Erwartungen, physisch wie psychisch in die dunkelste Nacht gestoßen, Gott um seines Bruders Tod willen zu preisen vermochte, der weiß, wie hell der Himmel – er allein – die Erde machen kann."[21]

7. Verwandlung durch Bekehrung

Der neue Mensch entsteht nach Romano Guardini durch innere Bekehrung und Erkenntnis des göttlichen Lebens im eigenen Leben, durch Werden und Wachstum: „Durch alle Mannigfaltigkeit und allen Wechsel hindurch geht ein Zusammenhang des Werdens, ein Wachstum. In jedem Christen lebt Christus gleichsam sein Leben neu: ist zuerst Kind und reift dann heran, bis er das volle Alter des mündigen Christen erreicht. Darin aber wächst Er, dass der Glaube wächst, die Liebe erstarkt, der Christ sich immer klarer seines Christenseins bewußt wird und mit immer größerer Tiefe und Verantwor-

[20] Eric Voegelin, Die neue Wissenschaft der Politik, München 1959, 169.

[21] Joseph Ratzinger, Das Heil der Menschen – innerweltlich und christlich, in: Ders., Grundsatz-Reden aus fünf Jahrzehnten, Regensburg 2005, 63–83, hier 82. Vgl. auch ebd. 63 zur säkularen Differenz von Heil und Glück: „Bei „Heil" wird vorgestellt, dass die Welt erlöst ist und damit auch ich; bei dem Wort „Glück" denke ich daran, dass ich mit meiner Lebensqualität einverstanden bin und mit der Welt insofern, als sie es mit mir jedenfalls gut gemeint hat."

tung sein christliches Dasein lebt."[22] Der neue Mensch entsteht durch Verwandlung, oder noch genauer: durch innere Bekehrung statt durch äußere Revolution, und zwar entweder intrinsisch und durch die naturhafte *memoria*, das Urgewissen als *anamnesis*, verursacht, wie etwa in der neutestamentlichen Erzählung vom verlorenen Sohn eindrucksvoll dargestellt, oder aber extrinsisch und durch die existenzielle Begegnung mit dem Mitmenschen verursacht und sodann und eingebettet durch kulturhafte, zivilisatorische Institutionen befördert, wie dies im Gleichnis vom barmherzigen Samariter vor Augen geführt wird. Beide Gleichnisse interpretiert Joseph Ratzinger dementsprechend im ersten Band seines Buches „Jesus von Nazareth" und kontrastiert sie als geglückte Bekehrungsgeschichten mit der dramatischen Erzählung vom reichen Prasser und dem armen Lazarus. Vom barmherzigen Samariter heißt es: „Das Herz wird ihm aufgerissen; das Evangelium gebraucht das Wort, das im Hebräischen ursprünglich auf den Mutterleib und die mütterliche Zuwendung verwiesen hatte. Es trifft ihn ins „Eingeweide", in seine Seele hinein, diesen Menschen so zu sehen. „Er wurde von Mitleid ergriffen", übersetzen wir heute, die ursprüngliche Vitalität des Textes abschwächend. Durch den Blitz des Erbarmens, der seine Seele trifft, wird er nun selbst zum Nächsten, über alle Fragen und Gefahren hinweg."[23] Und zum verlorenen Sohn wird gesagt: „Der Verlorene begreift, dass er verloren ist. Dass er zu Hause ein Freier war und dass die Knechte seines Vaters freier sind als er, der sich ganz frei geglaubt hatte. „Er ging in sich", sagt das Evangelium und ruft damit wie mit dem Wort vom fernen Land das philosophische Denken der Väter auf den Plan: Weit von zu Hause, von seinem Ursprung weg lebend, war dieser Mensch auch weit von sich selbst weggegangen. Er lebte von der Wahrheit seiner Existenz weg. Seine Umkehr, seine Bekehrung besteht darin, dass er dies erkennt, sich als Entfremdeten begreift, der wirklich in die Fremde gegangen ist, und dass er nun zu sich selbst zurückkehrt. In sich selbst aber findet er die Wegweisung zum Vater, zur wahren Freiheit eines Sohnes."[24] Solche Bekehrung ist freilich nicht einseitig pelagianisch zu denken: An der Wurzel steht aus der Sicht der katholischen Dogmatik und Moraltheologie nicht zuerst ein menschlicher Wille oder eine naturhafte Mühe des Menschen, auch wenn das *desiderium naturale* und die *potentia oboedientialis* im Zustand der Erbsünde und der Gottesferne erhalten bleiben. Am Beginn steht die Gnade Gottes und seine Offenbarung in eigener zweiter Person, in Jesus Christus, die sich verstetigt und verbürgt in der objektiven Realität des Sakramentes im Raum der

[22] Romano Guardini, Der Herr, a.a.O., 556.
[23] Joseph Ratzinger / Benedikt XVI., Jesus von Nazareth, Bd. 1, Freiburg/Br. 2007, 237.
[24] Ebd. 245.

Kirche. Der vom Menschen gebrochene Bund von Eden, von Noah, von Abraham und vom Sinai wird von Gott in eigener Person neu gesetzt und besiegelt. Das Gelobte Land von Eden wird in der zweiten gott-menschlichen Person neu geschenkt und im Exodus der Taufe unwiderruflich eröffnet. In Jesus Christus offenbart sich Gott nicht einfach nur selbst, sondern sich selbst als das Maß jedes Menschen. Zu Recht formuliert daher das II. Vaticanum, dass Christus der vollkommene Mensch, der *homo perfectus* sei, der zweite und letzte Adam, der paulinische *eschatos Adam*, der in der Annahme der menschlichen Natur die verlorene Gottebenbildlichkeit des ersten Adam wiederherstellt: „Tatsächlich klärt sich nur im Geheimnis des fleischgewordenen Wortes das Geheimnis des Menschen wahrhaft auf. Denn Adam, der erste Mensch, war das Vorausbild des zukünftigen, nämlich Christi des Herrn. Christus, der neue Adam, macht eben in der Offenbarung des Geheimnisses des Vaters und seiner Liebe dem Menschen den Menschen selbst voll kund und erschließt ihm seine höchste Berufung … Der das Bild des unsichtbaren Gottes ist (Kol 1,15), er ist zugleich der vollkommene Mensch, der den Söhnen Adams die Gottebenbildlichkeit wiedergab, die von der ersten Sünde her verunstaltet war.“[25] Vollkommen an Christus aber ist nicht zuerst und vor allem eine moralische Qualität, sondern eine ontologische Qualität, nämlich sein Selbst-Bewusstsein als Sohn, sein Bewusstsein der absoluten und sicheren Liebe des Vaters. Erst wo dies bewusst wird und ist, im bewussten Gewissen als Grundlage jeder moralisch guten Entscheidung, gelingt ein Leben aus Liebe. Es ist Bewusstsein des lebendigen Christus in der eigenen Person und in der eigenen Lebensgeschichte: Fleischwerdung Gottes im eigenen Leben.

8. Die Neuheit des Christentums

Damit aber ist die entscheidende Neuheit des Christentums überhaupt berührt: Der Logos, also der Sinn von Geschichte und personaler Existenz, ist selbst Person, als Person des Schöpfers aber vom Wesen her Liebe und als Person des Erlösers vom Wesen her vergebende und neuen Anfang setzende Liebe, nicht im kasuistischen Sinn der Vergebung einzelner Vergehen, sondern im existenziellen Sinn der Vergebung und Heilung vom grundsätzlichen Unvermögen zu geglücktem und geliebtem Leben. Anders gefasst: Der Mensch lebt vom Anfang her und als Anfang von Gott her, dessen Liebe ihn jeder selbst gesetzten Rechtfertigung und jeder Form von „empörter

[25] Pastoralkonstitution „Gaudium et spes“ Nr. 22.

Endlichkeit"[26] enthebt.[27] Genau dies meinte ja die Rede vom Primat des Logos vor dem Ethos bei Romano Guardini: Annahme wird ermöglicht durch grundlose Annahme; das Kind enthüllt sich als Urbild des Menschen vor Gott. „Guardini nähert sich dem Geheimnis des Anfangs mit Begriffsbildungen wie Neuheitskraft, Ur-Sprung, Ur-Neues, Ungeheures, Ungeheuerliches und meint damit all das, was grundlos einfach da ist. Das Kind gehöre in das Geheimnis des Anfangs wie die Quelle, wie der Same."[28] Erst in Christus und im Anblick seiner erlösenden Liebe wird menschliches Leben als – wie Pascal bemerkt – naturhaft schwankendes Schilfrohr möglich, das doch vorher dem ständigen Zwang zur Selbstrechtfertigung und gar zur aggressiven Selbstsetzung und Selbstdurchsetzung auf Kosten jedes im Wege stehenden Abel verfallen war. Romano Guardini unterstreicht: „Die Wurzeln meines Wesens liegen in dem seligen Geheimnis, daß Gott gewollt hat, ich solle sein."[29] Erst die Erkenntnis und die Empfindung der göttlichen Logik erlöst von der Verkrampfung eines autonomen Moralismus. Kurz und prägnant formuliert daher Joseph Ratzinger: „Dies ist die eigentliche Neuheit des Christentums: Der Logos, die Wahrheit in Person, ist auch die Sühne, die verwandelnde Vergebung über all unser eigenes Vermögen und Unvermögen hinaus."[30] Genau hier liegt das augustinische Proprium christlicher Tugendethik und zugleich das Proprium christlicher Staatsethik als Institutionenethik: Eine solche Ethik ist nicht „bloße Moral, die dann selbständig neben dem Glauben an Christus und neben seiner Vergegenwärtigung im Sakrament stünde: Glaube, Kult und Ethos greifen ineinander als eine einzige Realität, die in der Begegnung mit Gottes Agape sich bildet."[31] Alles hängt aber an dem zentralen Dogma der Menschwerdung Gottes. Von hier, so unterstreicht Romano Guardini, wird erst die viel beschworene Liebe Gottes verständlich, von hier aber wird am Ende der Neuzeit auch alles Unverständnis des Menschen gegenüber Gott verständlich: „Vielleicht empfindet jemand einen Widerstand gegen den Gedanken der Menschwerdung. Vielleicht ist er bereit, ihn als liebliches, tiefsinniges Gleichnis zu nehmen, nicht aber als wörtliche Wahrheit. Wenn irgendwo im Reich des Glaubens, dann kann tatsächlich hier der Zweifel einsetzen. In diesem Falle wollen wir ehrfürchtig sein und Geduld haben. Wir wollen

[26] Romano Guardini, Die Annahme seiner selbst, Würzburg 1965, 19.

[27] Vgl. Ferdinand Ulrich, Der Mensch als Anfang. Zur philosophischen Anthropologie der Kindheit, Einsiedeln 1970.

[28] Albrecht Voigt, Wirkliche Göttlichkeit oder göttliche Wirklichkeit?, a.a.O. 299.

[29] Romano Guardini, Der Anfang aller Dinge. Meditationen über Genesis Kapitel I–III, Würzburg 1961.

[30] Joseph Ratzinger, Willst du den Frieden, achte das Gewissen jedes Menschen, in: Ders., Wahrheit, Werte, Macht, Freiburg/Br. 1993, 25–62, hier 61.

[31] Benedikt XVI., Enzyklika „Deus caritas est" Nr. 14.

dieses Herzgeheimnis des Christentums mit ruhiger, wartender, bittender Aufmerksamkeit umgeben, dann wird uns schon einmal der Sinn aufgeschlossen werden. Als Weisung aber mag uns das Wort dienen: Die Liebe tut solche Dinge."[32]

[32] Romano Guardini, Der Herr, a.a.O., 16.

„Unser Leben: welch ein seltsames Ding"

Romano Guardinis „Der Herr" und die zeitgenössische Phänomenologie

Jean Greisch

Die Publikation der Katholischen Akademie, Erbacher Hof, anlässlich des 50. Todestages von Romano Guardini ist für mich eine willkommene Gelegenheit, einige der Fragen, die mich während der drei Jahre meiner Tätigkeit am Guardini-Lehrstuhl der Humboldt-Universität zu Berlin beschäftigten, in neuer Weise wieder aufzugreifen.

1925, zwei Jahre nach seiner Berufung auf den eigens für ihn an der Humboldt-Universität errichteten Lehrstuhl für Katholische Weltanschauung und Religionsphilosophie veröffentlichte Guardini seine philosophische Grund-Schrift: *Der Gegensatz. Versuche zu einer Philosophie des Lebendig-Konkreten*. Es lohnt sich immer noch, diese Abhandlung im Spektrum derjenigen zeitgenössischen Philosophien, die sich neuerdings wiederum, insbesondere im Umkreis der zeitgenössischen Phänomenologie, mit den Grundlagen einer Philosophie des Lebendig-Konkreten beschäftigen, zu untersuchen und auf seine mögliche Aktualität hin zu überprüfen.

Den Schlussakkord der Berliner Tagung über dieses Thema lieferte das mit „Unzerstörbares Leben in Geschichte und Transzendenz. Zur Hermeneutik und Rede vom Ewigen Leben“ betitelte Referat von Kardinal Karl Lehmann, dem Preisträger des „Romano Guardini Preises“ der Katholischen Akademie in München des Jahres 2014.

Aus diesem Vortrag greife ich einen einzigen Gedanken heraus, der mir das Stichwort für meine heutige Besinnung liefert. Je mehr wir uns in das Neue Testament vertiefen, so Karl Lehmann, verwandelt sich die Frage: „*Was* ist das Ewige Leben?“ in die Frage: „*Wer* ist das Ewige Leben?“.

Diese Verwandlung der Frage, die in Wirklichkeit einer „Bekehrung“ entspricht, verleiht dem Titel meines heutigen Vortrags einen besonderen Klang: Der Untertitel von Guardinis philosophischer Abhandlung: „Versuche einer Philosophie *des* Lebendig-Konkreten“ verwandelt sich nämlich damit in eine „Begegnung mit *dem* Lebendig Konkreten“, und zwar nicht in irgendwelchem „no man's land“, sondern „Auf dem Wege nach Jerusalem“.

Dem „Lebendig-Konkreten“ – der Sache und mehr noch der Person! – begegnen wir in der Tat in Guardinis zweitem wirkmächtigstem Buch: „Der Herr“, das 1937, also fast zwanzig Jahre nach „Der Geist der Liturgie“ (1918), das ihn schlagartig und zu seiner eigenen Überraschung berühmt machte, erschien.

Fast sechzig Jahre nach dem Erscheinen von Guardinis „Der Herr“ meldete sich ein französischer Philosoph in derselben Sache zu Wort: Michel Henry, mit seiner Trilogie *C'est moi la vérité. Pour une philosophie du christianisme* (1996)[1], *Incarnation.* (2000)[2], und schließlich das bereits im Schatten des Todes geschriebene Buch *Paroles du Christ*, das in deutscher Übersetzung unter dem Titel *Christi Worte* erschienen ist.[3]

Nicht nur, weil ich in Rom an den von Professor Marco Maria Olivetti regelmäßig veranstalteten Castelli-Kongressen gleichsam Augen- und Ohrenzeuge des allmählichen Entstehens dieser Trilogie sein durfte, sondern auch weil die Anfang September 1996 in Cerisy-la-Salle veranstaltete Michel-Henry Dekade[4] einen Stein ins Rollen gebracht hat, der inzwischen tiefe Spuren in der neueren französischen Philosophie hinterlassen hat, scheint es mir angebracht, im Blick auf Guardini und auf Henry einen weiteren persönlichen Beitrag zu dieser Auseinandersetzung zu leisten.

Was mich besonders fasziniert ist die Familienähnlichkeit, die beide Denker miteinander verbindet, trotz der unterschiedlichen geografischen Räume, in denen sie gewirkt haben, und des Generationenunterschieds, der sie voneinander trennt. Romano Guardini erblickte 1886 in Verona das Licht der Welt und starb 1968 in München; Michel Henry wurde 1922 in Haïphong in Vietnam geboren und starb am 3. Juli 2002 in Montpellier, nachdem er auf seinem Krankenbett noch die Druckfahnen von *Christi Worte* korrigiert hatte.

Hieraus ergibt sich die Aufgabe, die ich mir für diesen Beitrag gesetzt habe: mit den Augen Guardinis in Richtung auf Michel Henrys Spätwerk vorauszublicken und mit den Augen Henrys auf Guardinis „Herr“ zurückzublicken. Schon beim ersten Versuch einer solchen Blickverkreuzung zeigt sich, wie reichhaltig das Thema ist – viel zu reichhaltig, um in einem kurzen Artikel erschöpft werden zu können.

Ich konzentriere mich daher auf drei phänomenologische Hauptthemen: „Sehen“, „Leben“ und „Tod“, die meistens unterschwellig, manchmal sehr deutlich Guardinis Betrachtungen begleiten.

---

[1] Michel Henry, C'est moi la vérité. Pour une philosophie du christianisme, Paris, 1996), dt.: Ich bin die Wahrheit. Für eine Philosophie des Christentum. Aus dem Französischen übersetzt von Rolf Kühn. Vorwort von Rudolf Bernet, Freiburg / München 1997.

[2] Michel Henry, Incarnation. Une philosophie de la chair, Paris, 2000, dt.: Inkarnation. Eine Philosophie des Fleisches, Freiburg / München 2002.

[3] Michel Henry, Paroles du Christ, Paris, 2002; dt. von Rolf Kühn, Maurice de Coulon: *Christi Worte.* Eine Phänomenologie der Sprache und Offenbarung, Freiburg, 2010. Zur religionsphilosophischen Bedeutung dieser Trilogie siehe: Jean Greisch, Le Buisson ardent et les Lumières de la raison, Bd. II, Paris, 2002, 334–359.

[4] Alain David/Jean Greisch (Hg.), Michel Henry, l'épreuve de la vie. Actes de la décade de Cerisy-la-Salle du 21 au 31 septembre 1996, Paris, 2000.

Die philosophische Methode, der ich mich hierzu bediene, war Michel Henry wie Romano Guardini ebenso vertraut, was natürlich nicht bedeutet, dass beide sie in derselben Weise angewandt hätten. Es ist die von Edmund Husserl, dem Begründer der phänomenologischen Bewegung ins Werk gesetzte Methode des phänomenologischen Sehens.

Ohne mich bei den technischen Details aufzuhalten, erwähne ich den für eine solche Besinnung entscheidendsten Punkt: Unser Wort „Wissen" verweist auf die indogermanische Wurzel „*wit-*", die so viel wie „Sehen" bedeutet. Die Phänomenologie nimmt diese Urbedeutung ernst, indem sie alles Erkennen, Verstehen und Wissen auf Anschauungen, ursprüngliche *Einsichten* und nicht bloße *Ansichten* zurückführt. Letzten Endes geht es darum, wie Husserl unermüdlich betonte, die „Phänomene", d.h. das Sichzeigende in seiner spezifischen Gegebenheitsweise, bzw., mit einem Lieblingsausdruck Husserls, in ihrer „leibhaften Gegebenheit" zu Gesicht zu bekommen, auch und gerade dort, wo es sich um keine körperlichen Gegenstände im gewöhnlichen Sinn des Wortes handelt.

„Heute geht es um folgendes: Die Wirklichkeit wird uns wieder sichtbar, nachdem wir lange in Formeln gelebt haben. Die Welt der Qualitäten, Gestalten und Geschehnisse. Die Welt des Dinges. Und alles kommt darauf an, daß wir den Dingen ganz offen gegenüberstehen; sie sehen, spüren, ergreifen. Alles kommt darauf an, daß wir wirklich der Welt begegnen im Erkennen, im Werten und Entscheiden, im Handeln und Schaffen."[5] Dieses philosophische Glaubensbekenntnis, mit dem Romano Guardinis *Gegensatz*-Schrift endigt, kann auch als ein phänomenologisches Grundbekenntnis gelesen werden.

Ehe ich mich der Frage zuwende, wie diese Methode nicht nur in Guardinis philosophischen Schriften, sondern auch in seinen „geistlichen" Schriften zum Tragen kommt, mache ich noch zwei Vorbemerkungen:

1. Je mehr ich mich in Guardinis Werk vertiefe, desto mehr bewundere ich seine einzigartige Fähigkeit, sich jenseits der Sicherheitsgeländer der Fachdisziplinen auf eigenes Risiko mit den „Sachen selbst" auseinanderzusetzen, was meiner Überzeugung nach gerade das Wesensmerkmal eines Intellektuellen ist!

2. Meine zweite, gleichsam „apologetische" Bemerkung ergibt sich damit fast von selbst.

Lohnt es sich für einen Philosophen überhaupt, sich mit den „geistlichen" Schriften eines Autors zu beschäftigen, wie Guardinis „Geist der Liturgie", das in der Erzabtei Beuron im Donautal, der damaligen Speer-

[5] Romano Guardini, Der Gegensatz. Versuche zu einer Philosophie des Lebendig-Konkreten, Mainz, 1998, 182.

spitze der Liturgischen Bewegung, vor hundert Jahren entstanden ist, oder mit den „Der Herr" betitelten Betrachtungen, die ihre Entstehung den Predigten verdanken, die Guardini ab 1932 in der Benediktus-Kapelle in Berlin, und später auf Burg Rothenfels, der Zitadelle der Katholischen Jugendbewegung hielt?

„Der Herr" ist ein „erbauliches" Buch im besten Sinne des Wortes, nämlich in dem Sinne, den Sören Kierkegaard zur Kennzeichnung einiger seiner Schriften verwendet. Zugleich aber ist es eine Kampfschrift, in der Guardini sich mit den verhängnisvollsten Manifestationen des Zeitgeistes der Dreißigerjahre auseinandersetzt. Es erschien 1937, zwei Jahre bevor das Hitler-Regime ein Lehrverbot über den Autor verhängte. Es gibt gute Gründe für die Vermutung, dass das *„post hoc"* in diesem präzisen Fall auch ein *„propter hoc"* gewesen ist![6]

Ist der liturgische „Sitz im Leben" der beiden wirkmächtigsten Schriften Guardinis eine Sperrzone für den Philosophen?

Hoffentlich nicht, denn dies wäre die Liturgie nur, wenn in ihr überhaupt nicht gedacht, sondern nur geschwärmt würde. Dass dies nicht unbedingt der Fall zu sein braucht, hat Franz Rosenzweig im dritten Teil seines *Stern der Erlösung* nachgewiesen, in dem er einen systematischen Vergleich zwischen dem jüdischen und dem christlichen Festkalender gezogen hat, um zu zeigen, auf welchem Wege Ewigkeit und Zeit miteinander verkreuzt werden können. Sein Versuch hat in jüngster Zeit eine Art phänomenologisches Gegenstück in Jean-Yves Lacostes Buch: *Expérience et absolu*[7] gefunden.

„Christus gegenüber wird die Bekehrung des Denkens gefordert. Nicht nur die Bekehrung des Willens und Tuns, sondern auch die des Denkens. Die aber besteht darin, daß nicht mehr von der Welt her über Christus nachgedacht, sondern Christus als der Maßstab des Wirklichen und Möglichen angenommen und von Ihm her über die Welt geurteilt werde. Diese Umkehr ist schwer einzusehen und noch viel schwerer zu vollziehen. Umso schwerer, je deutlicher im Fortgang der Zeit der Widerspruch des Weltdaseins dagegen wird, und je offenkundiger jeder, der sich darauf einlässt, als Tor erscheint. In dem Maße, in dem das Denken es aber versucht, erschließt sich die Wirklichkeit welche Jesus Christus heißt. Und von ihr wird alle Wirklichkeit, erschlossen: enthüllt, aber auch in die Hoffnung des Neuwerdens gehoben."

---

[6] Vgl. im Folgenden: Romano Guardini, Der Herr. Betrachtungen über die Person und das Leben Jesu Christi. 13. Auflage, durch eine Nachbemerkung erweiterte Auflage 1964. Würzburg 1964 (1951) (= Herr).

[7] Jean-Yves Lacoste, Expérience et absolu. Questions disputées sur l'humanité de l'homme, Paris, 1994. Für eine ausführliche Analyse vgl.: Jean Greisch, Le Buisson ardent et les Lumières de la raison, Bd. II, Paris, 2002, 266–290.

Diese Schlusssätze von Guardinis „Der Herr" sind eine machtvolle Einladung, uns der „Sache selbst", um die es hier geht, zuzuwenden.

1. Der Glaube als Umbau des Wirklichkeitsbewusstseins

Schon bei seinem Erscheinen war Guardinis „Der Herr" ein unzeitgemäßes Buch, an dem sowohl Theologen, die den Entwurf einer systematischen Christologie erwarteten, wie historisch-kritische Bibelexegeten Anstoß nahmen. Guardini ging es weder um „eine neue geschichtliche Erklärung" noch um eine „neue theologische Lehre". Seine Betrachtungen beabsichtigen seinem eigenen Eingeständnis zufolge nichts anderes, als zur Heiligen Schrift selbst hinzuführen. *Tolle lege:* „Nimm die Schrift, lies, und im Maße der Vater es Dir gibt, wirst Du dem Sohne begegnen. Dieses gerade Dir zugewendete Angesicht des Herrn kann Dir kein anderer zeichnen; Du selbst musst es erschauen. Und Du darfst es Dir auch von keinem anderen verdrängen lassen; denn daß Du selbst dem Herrn begegnest, ist das Größte, was Dir beschieden sein kann" (S. 233).

„Die leisen Mächte sind die eigentlich starken" (Herr, 12): Mit seltener Klarsicht und Entschiedenheit nimmt Guardini von einem Glauben Abstand, der sich von legendären Erzählungen einschläfern lässt oder sich in eine künstliche Scheinwelt flüchtet.

Er, der fast immer *sotto voce* spricht, betont mit aller Schärfe, dass das Leben des Glaubens einen „Umbau des Wirklichkeitsbewusstseins" verlangt (Herr, 231). Zu einer Zeit, als das Stampfen der Soldatenstiefel und die aufpeitschenden Hassreden des Führers die Massen in ihren Bann zogen, beruft er sich auf die großen Dinge, die „in der Stille geschehen", „nicht im Lärm und Aufwand der äußeren Ereignisse, sondern in der Klarheit des inneren Sehens, in der leisen Bewegung des Entscheidens, im verborgenen Opfern und Überwinden".

„Peregrinantibus et iter agentibus": Den Pilgern und Wegbereitern widmet Guardini sein Buch, in dem er sich selbst auf einen „Weg des Anerkennens" begibt, dessen Leitfaden die johanneische Selbstbezeichnung Jesu: „Ich bin die Wahrheit, der Weg und das Leben" ist. Sein Grundanliegen ist dasselbe wie das Michel Henrys in seinem Spätwerk: Verstehen, inwiefern die christliche Existenz ein Weg des Lebens ist.

Seine Grundabsicht drückt er in wenigen lapidaren Sätzen aus: „Uns geht es nicht um das Neue, sondern um das Ewige. Wir wollen die Augen freibekommen, um besser das zu sehen, ‚was von Anfang an war' (1 Joh 1,1)", denn „nur so, in diesem Augen-Öffnen und Sich-Wundern, fängt die Gestalt Christi wirklich zu reden an" (Herr, 197).

„Quelle des Lebens“ und „Wort des Lebens“ sind Schlüsselworte, die Guardini in immer neuen Kontexten aufgreift und zunehmend vertieft. Wenn Jesus sich als Heiler betätigt, dann handelt es sich nicht um äußerliche Wunderbeweise, sondern darum, dass der Geist, der in ihm lebt, die Fähigkeit besitzt, radikal zu heilen, anders gesagt, die schöpferische Kraft hat, das quellende Leben zu erfassen und zu verwandeln.

Diese Verwandlung konnte nur geschehen, weil Jesus selbst das Leiden an sich herankommen ließ, ohne vor ihm zurückzuweichen. „Er überschwingt es nicht in Rührung oder Begeisterung, sondern sieht es in seiner ganzen, schlimmen Wirklichkeit. [...] „Sein Herz, das fühlendste und wissendste, das je geschlagen, ist stärker als alles Menschenleid“ (Herr, 53).

In der Gestalt Jesu findet Guardini keine Spur einer stoischen Einwilligung in das Unabänderliche, oder einer idealistischen Verherrlichung des Leidens. „Christus ist dem Leiden nicht ausgewichen, wie der Mensch immer wieder tut. Er hat es nicht übersehen. Er hat sich nicht davor geschützt. Er hat es in sein Herz aufgenommen. Als Leidende hat Er die Menschen so aufgenommen, wie sie wirklich sind; in ihrem eigentlichen Zustand“ (Herr, 55). Er stellte sich voll und ganz der Hässlichkeit des Leidens, denn er war weder ein humanistischer Philanthrop noch ein Sozialreformer, der vom „Ressentiment gegen die Mächtigen“ (Herr, 59) bewegt war, und auch kein romantischer Bohémien, der sich nur in der Gesellschaft von Zöllnern, Sündern und Prostituierten wohlfühlte.

Denjenigen, die in der Bergpredigt nur eine ohnmächtige Mitleidsmoral erblicken wollen, tritt Guardini mit folgender Herausforderung entgegen: „Der so Denkende möge doch die Augen aufmachen und Jesus richtig ansehen. Er möge Stärke und Schwäche nicht nur danach beurteilen, ob einer mit Geist und Faust sich selbst durchsetzt, sondern sehen, daß es auch höhere Kraft gibt, die freilich niedrigere Seinsschichten in Frage stellt“ (Herr, 78).

Jesus ist weder ein religiöser Besserwisser noch ein Übermensch. Er „kommt nicht, um der Reihe der bisherigen Menschheitserkenntnisse eine neue hinzuzufügen; um eine Höhe zu erobern über jene hinaus, die bereits erschaut sind; um ein neues Ideal, eine neue Wertordnung aufzurichten, für die es nun an der Zeit wäre. Nein, sondern aus der Gott vorbehaltenen Fülle des Himmels trägt Jesus eine heilige Wirklichkeit vor. Aus Gottes Herzen führt er einen Lebensstrom in die dürstende Welt“ (Herr, 78 f).

Die Bergpredigt ist in Guardinis Augen nicht in erster Linie ein Katalog moralischer Gebote und Empfehlungen, sondern „Kunde vom Durchbruch einer heilig-höchsten Wirklichkeit“ (Herr, 80), nämlich die „Botschaft vom Nahesein des Reiches, so verkündet, daß Geist und Herz berührt werden“ (Herr, 48). Wirklichkeit des Gottesreiches bedeutet: „Die Gottesmacht drängt herein und will die Herrschaft übernehmen: vergeben, heiligen, erleuchten, führen, alles zu einem neuen, aus der Gnade kommenden Dasein umwandeln" (Herr, 43). Für Guardini wie für Origenes ist Jesus die *autobasileia*, das Reich Gottes in Person, und deshalb gibt es auch keine bessere Gebrauchsanweisung für den praktischen Vollzug dieser Verwandlung als das Leben und der Tod Jesu selbst.

Wie Bergson in seiner religionsphilosophischen Grundschrift *Les deux sources de la morale et la religion* betont, ist die Bergpredigt kein evangelisches Gegenstück einer Pflichtmoral, für die es keine wichtigere Frage als „Was soll ich tun?" gibt, sondern das Angebot eines völlig neuen Lebensstils und einer neuen Seinsweise. Hier verwandelt sich die „*morale fermée*", deren Grundformel „Ich fühle mich verpflichtet" („Je me sens obligé") lautet, in eine offene Moral der Liebe, die aber nur in einer Existenz Früchte trägt, die sich von der schöpferischen Liebe Gottes tragen lässt.

2. Guardini – Detektiv des Möglichen

Damit sind die Menschen mit der radikalen Frage ihrer Fähigkeiten und Unfähigkeiten, ihrer Möglichkeiten und Unmöglichkeiten konfrontiert. *Möglichkeit:* Die Frohbotschaft vom Reiche Gottes, anders gesagt „die unaussprechliche Möglichkeit einer unendlichen, allen Sinn übersteigenden Erfüllung" (Herr, 51), „die Wirklichkeit des liebenden Gottes" (Herr, 56) hätte begeistert aufgenommen werden können; *Unmöglichkeit:* In Wirklichkeit wurde sie aber als unerträgliches Ärgernis verworfen und ihr Botschafter dem Tod ausgeliefert.

An vielen Stellen seiner Betrachtungen betätigt sich Guardini fast wie ein „Detektiv", nicht im vulgären Sinn des Wortes, sondern im ursprünglichen Sinn des Wortes. Er begnügt sich nicht damit, hinter jeder faktischen Begebenheit eine übernatürliche Notwendigkeit zu rekonstruieren, gleichsam als ob die göttliche Vorsehung den gewaltsamen Tod Jesu vorausprogrammiert hätte, sondern er fragt nach den Möglichkeiten, die verwirklicht oder unterbunden wurden.

Ein gutes Beispiel hierfür ist die Art und Weise, wie er an die Frage der Wunder Jesu herangeht: „Kann dergleichen sein? Und überhaupt, was soll es?" (Herr, 117), fragt er sich.

Die erste Frage beantwortet er ähnlich wie Bergson: „Die Verhaltungsweisen des Stoffes ordnen sich dem Leben unter, und es entstehen Formen, die vom Standpunkt des bloßen Seins ‚wunderhaft' sind" (Herr, 118). Noch wichtiger ist in seinen Augen die zweite Frage: „Nicht ob dergleichen möglich sei, sondern wozu – darum geht es uns."

Auch in der Betrachtung, die er dem „Willen des Vaters" widmet, betätigt Guardini sich als „Detektiv der Möglichkeiten", dem es darum geht, das „unergründliche Geheimnis des neuen Daseins" (Herr, 148) zu erkunden.

Dort, wo die Begegnung mit der unendlichen Fülle des Wortes des Lebens wirklich stattfindet, zeigt sich, von den Berufungsgeschichten der ersten Jünger ab bis heute, dass damit ein radikal neues Selbstverständnis des Menschen auf dem Spiel steht. „Es hängt viel davon ab, daß wir die Lebensnähe der christlichen Forderungen sehen" (Herr, 218).

Die Gestalt Christi, die Guardini allmählich vor dem geistigen Auge seiner Leser erscheinen lässt, ist in erster Linie der Christus des Johannesevangeliums. Hier sind Ursprung und Herkunft unzertrennlich voneinander. Wie jeder menschliche Stammbaum ist auch der Stammbaum Jesu weit verzweigt, aber sein Ursprung ist ein einziger: Gott, der „Unendlich Lebende".

Im Anschluss an den Vers des Prologs des Johannesevangeliums: „Das Wort ist Fleisch geworden und hat unter uns gewohnt", formuliert Guardini seine Hauptthese, deren Implikationen er Schritt um Schritt entfaltet: Die Geschichte und das Geschick Jesu vollziehen sich in seiner leiblichen Existenz und nicht in rein geistigen Prozessen. Deshalb gibt es keinen Widerspruch zwischen dem gleichsam vertikalen Ursprung des „Einziggeborenen Sohns des Vaters" und den horizontalen, in gewisser Hinsicht „menschlich allzumenschlichen" Genealogien eines Matthäus und eines Lukas.

In Guardinis Betrachtungen des unergründlichen Geheimnisses des christlichen Glaubens gibt es reichlich Platz für innere Einwendungen. Seiner Auffassung nach ist es in der Tat „nicht gut, wenn man bei diesen tiefen Dingen etwas niederdrückt", denn „dann vergiftet es sich und setzt sich irgendwo sonst zerstörend durch" (Herr, 16).

Insofern kann „Der Herr", trotz seines schwierigen Verhältnisses zur historisch-kritischen Exegese, das bereits kurz nach seinem Erscheinen von Heinrich Kahlefeld moniert wurde, immer noch als wirksames Gegengift gegen fundamentalistische Bibellektüren angewandt werden.

Guardinis Gespür für verborgene, noch nicht erschlossene Möglichkeiten verknüpft sich mit einem tiefen Wirklichkeitssinn. Ein Glaube, der sich nicht den Herausforderungen der Wirklichkeit stellt, ist eine kurzbeinige und oberflächliche Illusion, denn „der Wille zum Christsein beginnt mit dem Möglichen, um aber dann auf den Gipfeln der Heiligkeit zu enden" (Herr, 106).

Dies gilt auch für die Kirche, die Guardini, trotz ihrer Unzulänglichkeiten, Trägheit, Unduldsamkeit, Herrschsucht und Enge die Aufgabe zuweist, eine „Fürsprecherin des Möglichen" zu sein, anders gesagt, „den Anspruch Christi, der so, wie er ist, die Kräfte der Menschen zu übersteigen scheint, in ein Verhältnis zu ihrer Möglichkeit zu setzen, Übergänge zu schaffen, Brücken zu bauen, Hilfen zu geben“ (Herr, 105). Fast könnte man meinen, diese Überzeugung sei eine der Anregungen, die im Pontifikat von Papst Franziskus zum Tragen kommen, der sich bekanntlich eingehend mit Guardinis Schriften auseinandergesetzt hat.

Auch wenn Guardinis Betrachtungen sich hauptsächlich auf die Selbstaussagen Christi im Johannesevangelium stützen, spricht er von Zeit zu Zeit die Sprache des Paulus, insbesondere dort, wo er in erstaunlich harten Worten vor einer todbringenden Gesetzesfrömmigkeit warnt: „Sobald ein gläubiges Bewusstsein besteht, das von reiner Lehre weiß, und eine Autorität, welche für diese eintritt, erhebt sich die Gefahr der „Orthodoxie“: jener Gesinnung nämlich, welche meint, die rechte Lehre festzuhalten, sei schon das Heil, und die um der Reinheit der Lehre willen der Würde des Gewissens Gewalt antut“ (Herr, 195).

Die Glaubensentscheidung, deren Facetten Guardini im dritten Teil des Buches erörtert, ist kein voluntaristischer Kraftakt, der nur von besonders entschiedenen Willensmenschen vollzogen werden könnte. Was in solchen Interpretationen unterschlagen wird, ist der biblische Begriff des *kairos*, der Entscheidungszeit, die wahrgenommen werden muss, wenn sie sich uns anbietet. Wenn das Wort Gottes „nichts einfach Hingestelltes“ ist, sondern anruft und Schicksal wirkt, indem es selbst die Zeit schafft, „indem es gehört werden will“ (Herr, 202), sind die „Entscheidungsmacht des heiligen Anrufs“ und die „Offenbarung der Langmut Gottes“ (Herr, 203) unzertrennlich voneinander.

Das Erlernen dieses „Gegensatzes“ – ein Grundwort des philosophischen Vokabulars Guardinis – ist keine Hausaufgabe, die man im Handumdrehen erledigen kann, denn worum es geht, ist der Nachvollzug der „Umwertung des Daseins (...) die Jesus grundgelegt hat“ (Herr, 209 f.), die Loslösung vom Uneigentlichen, „die Scheinautoritäten; das Urteil des auf Erden Weisen, Mächtigen, Althergebrachten; den Widerstand der gesellschaftlichen und wirtschaftlichen Ordnungen; die Gefahren für Leib und Leben; den Verlust des Besitzes“ (Herr, 210).

Nur dort, wo dieser Kampf wirklich ausgefochten wird, kann sich die Aussicht auf einen Frieden öffnen, der mehr als eine provisorische Waffenruhe ist.

Wenn er den Entscheidungsaspekt des Glaubens betont, beruft Guardini sich nicht nur auf Kierkegaard. Er erinnert sich auch an das thomistische Axiom, dass der Glaubensakt sich letzten Endes auf die Sache selbst, nämlich die „Wirklichkeit des heiligen Gottes im lebendigen Christus“ (Herr, 230) bezieht, und nichts mit irgendeinem ausgefeilten Begriff zu tun hat. *Actus fidei terminatur ad rem*, sagt Thomas von Aquin; „Glauben heißt, dieser

Wirklichkeit innewerden, sich mit ihr verbinden; sich auf sie stellen. Im Glauben leben aber bedeutet, mit dieser Wirklichkeit ernst machen" (Herr, 231), schreibt Guardini und er betont, dass ein solches Umdenken „den Umbau des Wirklichkeitsbewusstseins" nach sich zieht.

Guardinis Bemühen, den Glauben von einer vagen Religiosität zu unterscheiden, antizipiert in gewisser Weise die Positionen des späten Dietrich Bonhoeffer in *Widerstand und Ergebung*. Der spezifische Gegenstand des Glaubens ist „das christliche Wort, so wie es aus dem lebendigen Munde Jesu kommt" (Herr, 295), und das sich nicht von seinem lebendigen Sein ablösen lässt.

Glauben bedeutet demnach nicht, sich im Supermarkt der Weltreligionen das preisgünstigste und schmackhafteste Angebot auszuwählen. Guardinis Christus liefert uns keine neue, in gewisser Hinsicht nachgebesserte Religion, „sondern die Botschaft des Lebendigen Gottes, die zu Allem im Unterschied und Widerspruch steht, auch zu den Religionen" (348)!

3. Augen haben, um zu sehen

Der dritte, „Entscheidung" betitelte Teil des „Herrn", hebt mit der Perikope der Heilung des Blindgeborenen am Teich Siloe an. Sie bietet Guardini eine vorzügliche Gelegenheit zu einer wunderbaren phänomenologischen Beschreibung des Aktes des Sehens. Sehen bedeutet für ihn viel mehr als Beobachten und die Dinge in Augenkontrolle zu halten. Das echte „Sehen geht aus dem Leben hervor und wirkt ins Leben hinein" (Herr, 176). In einem ähnlichen Sinn spricht Guardini auch in seiner Weltanschauungslehre von einem „Weltanschauungsblick": Blicken ist „ein Akt des Lebens", „ein Tun, das dem Lebenswillen dient." (Herr, 176 f).

Alles hängt in diesem Fall von der Fähigkeit ab, das Sichzeigende in seiner spezifischen Gegebenheitsweise wahrzunehmen, denn nur „am Aufschimmern des Gegenstandes (...) erstarkt die Kraft des Sehens, und so gesundet langsam das Auge zur Wahrheit" (Herr, 177).

Schon im rein leiblichen, und mehr noch im geistigen Sehen entdeckt Guardini eine „Vor-Entscheidung", die weit über die reine Erkenntnissphäre hinausreicht. Zugleich bestätigt sich damit der Zusammenhang mit dem griechischen Urwort *krisis:* Die Verkündigung der Wahrheit „scheidet die Menschen in Bereite und Unbereite; in solche, die sehen und wollen, und andere, die es nicht wollen; damit aber auch in solche, die sehend werden, und andere, die erblinden" (Herr, 178). Der Akt des Glaubens verweist uns zwar auf das Unsichtbare, wie der Autor des Hebräerbriefes betont: Aber dennoch bedeutet Glauben ein Einsehen, nämlich einsehen: „Vor Christus geht es um alles.“ (Herr, 178).

4. „Unser Leben – welch ein seltsames Ding!"

Die synoptischen Berichte über die Verklärung Jesu liefern Guardini die Gelegenheit zu einer kurzen, aber überaus eindringlichen Betrachtung über das „Wunder des lebendigen Daseins“. „Unser Leben – welch ein seltsames Ding!“ (Herr, 271): Mit diesem Ausruf setzt die Betrachtung über die Verklärung Jesu ein, eine Perikope, die für jeden Phänomenologen eine Pflichtlektüre sein sollte! Die fünfseitige Betrachtung über das Geheimnis des Lebens, die Guardini hier anstellt, verdient es meines Erachtens, in eine Anthologie der lebensphänomenologischen Grundtexte aufgenommen zu werden.

Gerade hier ist die Nähe zu Michel Henry besonders deutlich spürbar. Ich zitiere: „Unser Leben – welch ein seltsames Ding! Es ist die Voraussetzung von allem anderen; das Erste, vor dessen Bedrohung jene unbedingte Abwehr erwacht, die wir Notwehr nennen, und die ihr eigenes Recht hat. Es ist kostbar; so kostbar, dass das Wunder des lebendigen Daseins einen zuweilen ganz überfluten kann, und man innehält und nicht weiß, mit welchen Worten man sagen soll, wie selig das ist, sein zu dürfen. Es freut sich, es entbehrt, es leidet. Es kämpft und schafft. Es verbindet sich mit den Dingen und durchfühlt sie. Es vereinigt sich mit anderem Leben, und daraus entsteht keine Summe, sondern Neues und Vielfaches. Es ist für uns das Erste und die Grundlage von allem – und doch, welch sonderbares Ding!“ (Herr, 271).

Übergangslos füge ich diesem Guardini-Zitat ein Zitat aus Michel Henrys *Christi Worte* hinzu: „Wir verspüren und erfahren das Leben in uns als dasjenige, worin wir leben, gerade dann wenn wir verspüren und erfahren, dass wir uns dieses Leben nicht selbst gegeben haben.“ („*Nous éprouvons et nous expérimentons la vie en nous comme ce en quoi nous vivons, lors même que nous éprouvons et que nous expérimentons que nous ne nous sommes pas donné cette vie à nous-mêmes.*“)[8]

Ich kann mir keinen besseren Kommentar zu dieser Grundthese Henrys vorstellen als den geheimnisvollen Satz Franz Kafkas: „Wir sind nicht nur deshalb sündig, weil wir vom Baum der Erkenntnis gegessen haben, sondern auch deshalb, weil wir vom Baum des Lebens noch nicht gegessen haben.“[9]

[8] Michel Henry, Paroles du Christ, 149.

[9] Franz Kafka, Briefe 1902–1924, Herausgegeben von Max Brod, Frankfurt, 74.

Um die Intensität des Lebens Jesu zu kennzeichnen, bedient sich Guardini der schönen Metapher des „Flammenbogens": „Der Flammenbogen ist's. Das Unaussprechliche-Eine. Das Leben über Leben und Tod: Leben des Leibes, aber aus dem Geiste her: Leben des Geistes, aber aus dem Logos; Leben des Menschen Jesus, aber aus dem Sohne Gottes her" (Herr, 277).

Eben dieser „Flammenbogen" verbindet über ein halbes Jahrhundert hinweg Guardinis „Der Herr" mit Michel Henrys „Christi Worte".

5. „Tod, wo ist dein Sieg, wo ist dein Stachel?"

„Mitten im Leben sind wir vom Tod umgeben": Gilt dieser Spruch in derselben Weise für Jesus Christus wie für jeden von uns?

In polemischer Abgrenzung von den Aussagen eines modernen Biologen lehnt Guardini die Ungeheuerlichkeit ab, das Leben vom Tod her zu benennen. Dazu beruft er sich auf die dunkle Ahnung der alten Völker, für deren Gefühl der Tod nicht zu sein braucht und auch nicht sein soll. „Öffnen wir uns dem Gedanken, daß dort, wo es sich um die letzten Sinngebungen des Daseins handelt, der einfache Mensch zuständiger sein könnte als der Gelehrte" (Herr, 272). „Die echte Stellung des Menschen zum Tod ist Gegenwehr und Protest, und zwar in der Mitte seines Wesens. Der Tod ist nicht selbstverständlich, und jeder Versuch, ihn dafür zu nehmen, mündet in unendlicher Schwermut" (Herr, 273), eine Schwermut, deren dunkler Schatten Guardini selbst zeitlebens verfolgte.

Immer wieder verweist Guardini auf die „Ungeheuerlichkeit, furchtbar über jeden Begriff, dass die aller göttlichen Möglichkeiten volle Gestalt" Jesus „nach so kurzer Zeit zerbrochen wurde" (Herr, 34). „Die Tatsache der Erlösung ist uns so sehr Ein und Alles, daß wir vergessen, wie ungeheuerlich die Weise war, nach der sie sich vollzogen hat, und daß sie sich vor Gott und den Menschen so nicht hätte vollziehen dürfen" (Herr, 113).

„Was bedeutet der Tod in Jesu Augen?" (Herr, 149): Ebenso wie Henry betont Guardini, wie wenig Jesus vom Tode als dem großen und unerbittlichen „Weltverhängnis" (Herr, 152) spricht. „Innerlich, vom Wesen her fühlt sich Jesus dem Tod gegenüber frei – deshalb weil der Tod keinen Anteil an ihm hat" (Herr, 150). Deshalb spielt auch das *memento mori* bzw., in der Sprache der alten griechischen Philosophen, das *„meletè tou thanatou"* keine Rolle für ihn.

„Ich bin die Auferstehung und das Leben." „Er ist gesendet", erläutert Guardini, „den Tod im Wesen und vor Gott aufzuarbeiten" (Herr, 150). Und das vermag er, weil er „lebendig durchaus" ist, und noch mehr: „das Leben selbst, welches in der vollkommenen Liebe zum Vater begründet ist" (Herr,

153). Wenn Jesus stirbt, so stirbt er „aus der Fülle, nicht aus der Schwäche des Lebens“ (Herr, 155). Das nimmt seinem Tod nicht seinen Schrecken, ganz im Gegenteil: „Umso furchtbarer der Tod, je stärker, reiner, zarter das Leben, über das er kommt.“

„Unser Sterben kommt nicht zu unserem Leben hinzu, sondern aus der Art hervor, wie wir lebendig sind“ (Herr, 152). Diesbezüglich gibt es einen radikalen Unterschied in der Art und Weise, wie wir und wie Jesus mit der Sterblichkeit umgehen. „Christus lebt anders als wir“, weil „Er rein nur als Leben besteht“ und auch für uns das Leben selbst ist. Gerade deshalb ist er „auch der Einzige, der wirklich weiß, was Tod bedeutet“ (Herr, 153). „Der Tod kommt ihm nicht von innen her, als Folge wesenhafter Zerstörtheit“ (Herr, 155). Sein Tod ist umso schrecklicher, als er ein Leben beendet, das lebendiger als das Leben aller anderen Menschen gewesen ist.

Weil im Glauben Erkennen und Handeln eins sind und die Wahrheit getan werden muss, muss der Verstehenwollende Jesus und seine Jünger auf den einzelnen Stationen des „Weges nach Jerusalem“ – ein Kreuzweg *avant la lettre* – begleiten. Gerade hier zeigt sich, dass Jesus kein marmorkalter Übermensch ist, und auch kein Schwermütiger, der an den Leiden der Welt und der Menschen zerbricht, sondern etwas ganz anderes: der Mittler schlechthin zwischen dem Menschen und dem Gott der Offenbarung (Herr, 256).

6. Jesus, Buddha, Sokrates: Eine Gipfelkonferenz der Unvergleichlichen

Auffälligerweise kommt Guardini erst in einem anderen Kapitel auf das Erscheinen von Mose und Elia in der Verklärungsperikope zu sprechen. Diesbezüglich mögen manche Alttestamentler sich fragen, ob im „Herrn“ das Verhältnis zwischen dem Alten und dem Neuen Testament nicht etwas unterbelichtet bleibt, eine Frage, die man ebensogut an Michel Henrys Christusbücher richten kann.

Der Blick auf den Menschen Jesus in seiner vollen Menschheit und der Fülle unendlicher Möglichkeiten, die nur darauf warteten, zu reifen und Frucht zu tragen, führt zu einer der tiefsten Fragen des Buches: Was hätte aus diesem Menschen werden können, wenn man ihm die Zeit gelassen hätte? Wäre er einer der großen Weisen der Menschheit geworden, auf die die großen Weisheitstraditionen sich berufen, eingeschlossen derjenigen, die in Griechenland zur Geburt der „Philosophie“ geführt haben?

Guardini war sich bewusst, wie risikoreich sein Versuch war, sich ohne dogmatische und exegetische Sicherheitsgeländer der einzigartigen Gestalt

Christi anzunähern. Nichts beweist besser den anspruchsvollen Charakter seiner Betrachtungen als der zukunftsweisende Versuch, einen systematischen Vergleich zwischen drei geistigen Grundgestalten: Jesus von Nazareth, Sokrates und Gautama Buddha herzustellen. Seine Lektüre der Verklärungsperikope, in der er Sokrates und Buddha mit Christus zusammenstellt, eröffnet weitreichende und immer noch nicht ausgeschöpfte Perspektiven für eine hermeneutische Religionsphilosophie.

Entscheidung, Scheidung, Unterscheidung: Im dritten Teil des „Herrn" vertieft Guardini seinen Vergleich von Jesus und Buddha, der seinen Tod als die Vollendung seines langen Wirkens, und Sokrates, der seinen gewaltsamen Tod als Vollendung seines Philosophenlebens verstanden hat.

In seinen Augen ist Jesus, der „Menschensohn", kein „kanonischer Mensch" (Herr, 198) gewesen, dessen außerordentliche Persönlichkeit oder „weltbezwingende Tat" unauslöschliche Spuren in der Geschichte hinterlassen hätte. „Sobald die Konsequenzen des Menschseins von Gott her gezogen werden, sehen sie anders aus – so anders, daß daneben Lebensgestalten wie die des Buddha oder des Sokrates künstlich erscheinen" (Herr, 198).

Eine derart abrupte These wird bei vielen Religionsgeschichtlern und Ideengeschichtlern Anstoß erregen, umso mehr als Buddha und Sokrates ebenso wie Jesus keine Schriftsteller gewesen sind, sodass man sich fragen kann, inwiefern das Adjektiv „künstlich" sich auf sie anwenden lässt.

Wenn Jesus unvergleichlich ist, dann aus viel tieferen Gründen, von denen man eine Ahnung bekommt, wenn man die Antwort Petri auf die herausfordernde Frage Jesu am Schluss der Rede über das Brot des Lebens bedenkt: „Wollt auch ihr mich verlassen?" „Zu wem sollen wir gehen, Herr, Du hast die Worte des ewigen Lebens".

Wie sehr Guardini sich diese Antwort zu eigen macht, zeigt sein Kommentar des Verses des Zweiten Korintherbriefs: „Jesus Christus (…) ist nicht Ja und Nein gewesen, sondern in Ihm ist nur das Ja Wirklichkeit geworden" (2 Kor 1,19). „Was da von Gott herkommt", schreibt er, „macht nicht Unterschiede und Ausnahmen, Einschränkungen und Vorbehalte, sondern kommt in der freien Fülle der Großmut. Es ist kein ausgedachtes System, keine schwierige asketische Lehre, sondern die Fülle der sich ergießenden Gottesliebe" (Herr, 201).

Hier, wo Guardini ausnahmsweise die leidenschaftliche Sprache des Bekenners spricht, bietet sich eine neue Gelegenheit, das Leben Buddhas und des Sokrates mit dem Leben Jesu zu vergleichen, das scheinbar ärmer, dürftiger an Inhalt, an Geschehnissen und Begegnungen gewesen ist. Gerade dieses seltsam kurze Leben, kärglich an Inhalt, in Werk und Tun bruckstückhaft gebliebene Leben offenbart die Einzigartigkeit des „lebendigüberlebendigen" (Herr, 276) Lebens Jesu, das in jedem seiner Augenblicke und in jeder Begegnung mehr enthält, „als wenn Buddha alles kennenlernte, was Menschenleben heißt" (Herr, 274).

Der individualistischen Unmittelbarkeit der religiösen Erlebnisse eines William James stellt Guardini die Idee einer Offenbarung gegenüber, die das „christliche Wir", anders gesagt die Gottesfamilie der Kirche, „mit allem, was darin an Schicksal und Verantwortung liegt" (Herr, 282), begründet: „Der Mensch ist dem Menschen Weg zum Leben, freilich auch zum Tode. Der Mensch ist dem Menschen Weg zur Wahrheit und zur Höhe, freilich auch zum Irrtum und zum Abgrund. So ist der Mensch dem Menschen Weg zu Gott, und es ist menschengemäß, daß Gottes Wort wohl unserem eigenen Herzen einleuchten muss, aber durch andere verkündet wird. Durch Menschenmund hören wir Gottes Wort; das ist das Gesetz unseres gläubigen Daseins."

Dies ist keine reine Frage des Kennens und Wissens (auch nicht des „religiösen Wissens"), sondern des Anerkennens! Die Wirklichkeit dieses Anerkennens, das in einem vorgängigen Anerkanntsein gründet, drückt sich in den Akten des Segens und des Verzeihens aus.

An diesem Punkt springt wiederum die Unvergleichlichkeit Jesu gegenüber Buddha und Sokrates in die Augen. „Vielleicht wird Buddha der Letzte sein, mit dem das Christentum sich auseinanderzusetzen hat. Was er christlich bedeutet, hat noch keiner gesagt. Vielleicht hat Christus nicht nur einen Vorläufer aus dem Alten Testament gehabt, Johannes, den letzten Propheten, sondern auch einen aus dem Herzen der antiken Kultur, Sokrates, und einen dritten, der das letzte Wort östlich-religiöser Erkenntnis und Überwindung gesprochen hat, Buddha" (Herr, 360).

Aber auch wenn Buddha freier und gelöster als alle anderen Menschen ist, und eine Güte ausstrahlt, „mächtig wie eine Weltkraft", ist seine Freiheit doch nicht die Christi", sondern vielleicht „nur eine letzte, furchtbar-ablösende Erkenntnis der Nichtigkeit der gefallenen Welt". Dieser gleichsam negativen Freiheit gegenüber kommt die Freiheit Christi „daraus, daß Er ganz in der Liebe Gottes steht", „und seine Gesinnung ist der von Gottes Ernst getragene Wille, die Welt zu heilen" (Herr, 360).

Die fünfte Etappe auf Guardinis Weg des Anerkennens zeichnet sich durch die besondere Dramatik der letzten Woche des Lebens Jesu aus. Jedes neue Anerkennen wird hier sofort von einem verstockteren Verkennen überboten, das immer hässlichere Züge zeigt: Unverständnis, Gleichgültigkeit, Verhärtung, Ablehnung, Empörung, Verrat, Hass. Am Ende behalten das Ärgernis der Juden und die Torheit der griechischen Weisen das letzte Wort.

Ebenso entschieden wie Franz Rosenzweig in seinem *Stern der Erlösung* weigert sich Guardini, von einem „tragischen" Scheitern zu sprechen. Das Tragische gibt es nur in der in sich selbst verschlossenen Welt der griechischen Tragödie, der Welt der menschlichen Hybris und der göttlichen Verblendung. Ebenso wie die Ursünde Adams keine tragische Tat gewesen ist, ist das Endgericht keine tragische Weltkatastrophe, denn in beiden Fällen handelt es sich um eine Wirklichkeit, die wirklicher als die tragische Weltansicht ist: „Hier ist alles Wirklichkeit. Wirklich der Mensch, wirklich die Sünde, wirklich das daraus kommende Verhängnis, wirklich die letzte Auswirkung der Sünde in der Empörung gegen den Erlöser – wirklich aber auch die Erlösung selbst und der aus ihr kommende neue Anfang in der Gnade" (Herr, 379).

Dies ist auch der Grund, warum die Lektüre der Passionsgeschichte andere Gefühle in uns auslöst als das Erschrecken und das Mitleiden, die Aristoteles zufolge die tragische *Katharsis* ermöglichen. Bachs Vertonung der Passionsgeschichte liefert uns einen musikalischen Schlüssel, um diesem Unterschied auf den Grund zu kommen.

Guardinis Betrachtung über die göttliche Demut nimmt eine Schlüsselrolle in diesem Teil des Buches ein, in dem die Bibelzitate spärlicher sind, gleichsam um dem Christushymnus des Philipperbriefes und der Frage: „Da Jesus ist, wie Er ist; da sein Leben geht, wie es geht – wie ist dann der Gott, der sich darin offenbart?" (Herr, 383), vollen Raum zu gewähren. Die Liebe, die das Leben und Sterben Jesu trägt, ist keine Schwäche, keine Lebensschlauheit, die sich kleiner macht, als sie ist, und auch kein Ausdruck einer krankhaften Selbsterniedrigung. Der Glaubensweg des Anerkennens, der in nichts anderem als der Nachfolge dessen besteht, der sich selbst als den Weg, die Wahrheit und das Leben bezeichnet hat, ein unbegangbarer Holzweg, wenn die Demut Jesu nicht ihren letzten Grund in Gott selbst hätte.

Guardinis Kommentar der Ankündigung der Zerstörung Jerusalems und des Weltuntergangs – beides „apokalyptische" Ereignisse im strengen Sinn des Wortes – verrät seine Auffassung der Weltgeschichte. Hier ist kein Platz für die „List der Vernunft", die Hegel zufolge auch noch den schrecklichsten Ereignissen einen Sinn verleiht. Selbst wenn heute, noch weniger als früher, der Glaube sich vor der Welt weder ausweisen noch beweisen kann, hält Guardini an der Idee eines göttlichen Weltgerichtes fest: „Vielleicht wird die Situation des Christen immer mehr die, daß die Welt ihm seine Inhalte und seine Worte wegnimmt. Auf jede Frage, die der Glaube beantwortet, wird sie eine andere Antwort wissen. Immer lückenloser wird das Dasein von der Welt her aufzugehen scheinen. Immer weiter wird die Antwort des Glaubens abgedrängt werden und als Sonderbarkeit dastehen. So wird immer deutlicher werden, daß der Glaube erst im Gericht seine Rechtfertigung findet – das heißt aber, daß der Glaubende sein Recht der Welt gegenüber erst nach dem Tode bekommt. Das ist schwer, aber er muss es auf sich nehmen – zusammen mit dem Hohn über den Glauben selbst, den die Welt als Selbsttröstung der Zu-kurz-Gekommenen erklären wird" (Herr, 396).

Immer noch auf der Suche nach Möglichkeiten, entweder die, die sich aufgrund der Kürze der Zeit nicht verwirklichen konnten, oder die man in Betracht ziehen muss, sei es auch nur um sie zu verwerfen, befragt Guardini ausführlich die „ruhige Entschlossenheit" (Herr, 407), mit der Jesus seinen Weg zu Ende geht, und auch den abgründigen Verrat des Judas, der mehr als die anderen Jünger verstanden zu haben scheint, wie unerträglich das Beisammensein ist mit einem „heiligen Dasein, das ganz von Gott her denkt, urteilt und handelt" (Herr, 415).

Die Betrachtung des letzten Abendmahls bietet ihm eine letzte Gelegenheit, die Abschiedsreden Jesu an seine Jünger mit denen von Sokrates und Buddha zu vergleichen. Auch hier können die vielen Gemeinsamkeiten nicht über den wesentlichen Unterschied hinwegtäuschen. Sokrates, „der große Fragende, der in der Ungewissheit des menschlichen Daseins, im Suchen nach reiner philosophischer Erkenntnis, die bei ihm zugleich religiöse Einsicht war, gelebt hat" (Herr, 423), weiß sich in seiner Todesstunde in der „Verähnlichung seines Tuns und Seins mit der ewigen Wahrheit", und insofern versteht er seinen Tod als die endgültige Loslösung der Seele von den Fesseln des Leibes.

Buddha ist der Erleuchtete und zur Erkenntnis der Nichtigkeit alles Daseins Erwachte. Im Vergleich zu ihm und Sokrates ist Jesus weder ein philosophisch Ringender noch ein religiös Glaubender oder Erleuchteter. Hier stellt Guardini als Erster eine Frage, die heute die Gemüter vieler unserer Zeitgenossen bewegt: „Könnte man nicht das Gefühl bekommen, Buddha sei Ihm an durchmessenen Wegen, an Einsicht in die Zusammenhänge des Daseins, an schöpferischer religiöser Weisheit, an souveränem Stil überlegen gewesen?" (Herr, 425).

Die Antwort konfrontiert uns Guardini zufolge mit dem „undurchdringlichen Geheimnis des Gottmenschen" (Herr, 426), das in keine psychologischen und geistigen Begriffe eingeht, in keiner Reihe mit irgendwelchen Größen steht und uns im Geheimnis des Abendmahls entgegentritt. Gerade in dieser Hinsicht ist Jesus unvergleichlich und unnachahmlich, weil er allein die Möglichkeit des Christentums begründet, ihre Bedeutung erschließt und die Kraft verleiht, ihm nachzufolgen. Diese Unnachahmlichkeit hat ihren letzten Grund darin, dass das „christliche Opfer" als „Mitvollzug des Daseins Christi" (Herr, 433) nicht beim Menschen, sondern bei Gott beginnt und daher letzten Endes in der „Hingabe seiner selbst in die Leere“ (Herr, 432) – Kenosis! – besteht.

Es ist nicht leicht, aus diesem sechshundertseitigen Buch eine Hauptthese herauszuschälen. Die Entscheidung darüber wird jeder Leser selbst treffen müssen. Es liegt aber in der Linie des phänomenologischen Ansatzes meiner Besinnung, Guardinis Grundüberzeugung in den Sätzen zu suchen, mit denen er den Ölberggarten betritt: „Niemals darf der Christ sich darüber beruhigen, daß Christus hat sterben müssen. Niemals darf er als richtig und in Ordnung hinnehmen, daß die Erlösung durch den Tod Christi geschah; denn dann wird alles anders. Dann kommt eine Starrheit und Unmenschlichkeit hinein, die alles zerstört. Dann hört das Leben des Herrn auf, ein wirklich gelebtes Leben zu sein; wirkliches Kommen und Handeln und Wollen und Erfahren von Schicksal! Dann erblasst die Liebe – und das muss jeder fühlen, der sich mit dem Willen, ans Eigentliche zu kommen, in das Leben des Herrn hineindenkt“ (Herr, 451).

Weil die heilbringende und schöpferische Liebe Gottes sich nicht an die Seele des Menschen allein richtet, sondern seine ganze Wirklichkeit betrifft, musste ein Begegnungsraum besonderer Art geschaffen werden, in dem dieses Kommen und Gehen erfahren werden kann, ohne dass das Kommen mit einer wunschlosen Beglückung und das Gehen mit der Verzweiflung des Hegel'schen „unglücklichen Bewusstseins“ verwechselt wird, das die Linien der Sehnsucht ins Leere hinauszieht.

Dieser neue christliche Begegnungsraum öffnet sich symbolisch am Pfingstfest, wobei sich zugleich ein neues Gesicht Gottes offenbart, in dem die Alternative von ständiger Abwesenheit und leerer Abwesenheit überwunden wird. Hier öffnet sich ein neuer Raum des Verstehens, in dem wir in volle Wahrheit eingeführt werden. „Christus fassen kann nur der, in dem das lebt, was Christi ist“ (Herr, 521), lautet das hermeneutische Grundprinzip dieses Verstehens.

Der so verstandene christliche Glaube ist eine Neugeburt, der Akt eines neuen Menschen, in dem ein neues Leben erwacht ist. „Gläubig-werden geht nicht so zu, daß drüben Christus stünde und hier wir: und nun betrachteten wir Ihn, dächten über Ihn nach, würden uns darüber klar, daß Er recht hat, und entschlössen uns, hinüberzugehen. Auf diesem Wege kämen wir nie zu Ihm. Er muss uns zu sich herüberholen“ (Herr, 524).

Muss man wahnsinnig sein, um so etwas zu bekennen? Ganz gewiss! Paulus wusste das besser als jeder andere, als er von der Torheit des Kreuzes sprach. Soll man sich darüber entrüsten? Nein, denn die „Verstörung“, die die Botschaft vom Kreuz bewirkt, ist keine Geistesstörung im klinischen Sinn des Wortes. Verstört ist eher der natürliche Mensch, der erst zu sich selbst gebracht werden muss, um sein wahres Selbst zu finden. Wenn ich mich wirklich finden will, muss ich mich im Wort des Lebens und der Wahrheit finden, betont Guardini, wobei er nochmals unterstreicht, dass es sich hierbei um keine „Nachahmung“ im üblichen Sinne des Wortes handelt. Hier noch mehr als anderswo sind die „Nachahmer“, im Gegensatz zu den wahren Nachfolgern, klägliche Karikaturen.

Guardini war sich klar bewusst, dass das wissenschaftliche Weltbild sich wie ein Wall zwischen dem Gedanken der einstigen Wiederkunft des Menschensohns und dem Daseinsverständnis des modernen Menschen aufrichtet. Gerade deshalb bedauert er, dass dieses Gefühl der baldigen Wiederkunft des Herrn keinen „Sitz im Leben“ des neuzeitlichen Menschen mehr zu haben scheint. Er ist aber wie ein schlummernder Keim, der in Zeiten der Bedrängnis und der Verfolgung wieder neu aufleben kann. „Vielleicht muss dazu das christliche Dasein an Selbstverständlichkeit verlieren. Das Fragwürdige am Begriff der ‚christlichen Kultur' muss wieder klar werden. Der Riss zwischen Offenbarung und Welt muss wieder aufbrechen. Vielleicht sind wieder Zeiten der Verfemung und Verfolgung des Christlichen nötig, damit das Bewusstsein von dem besonderen Charakter seiner Existenz erwache. Dann wird sich auch wieder das Wissen um den kommenden Herrn rühren“ (Herr, 570 f).

Hatte Guardini, als er diese fast prophetisch wirkenden Sätze niederschrieb, bereits eine Ahnung davon, dass sie ihn selbst kurz darauf in der Form eines Lehrverbots einholen würden? Wir wissen es nicht. Wenn wir unsere eigene geistige Situation bedenken, in der die „christliche Kultur“ längst schon keine Selbstverständlichkeit mehr ist, können auch wir ihnen einen gewissen prophetischen Charakter nicht absprechen.

Nirgendwo ist das Gefühl der Bedrängnis greifbarer als im Buch der Geheimen Offenbarung, das sich an verfolgte Christengemeinden richtet. Hier ist der Abstand zwischen Guardinis Betrachtungen der mächtigen Bilder, die er mit der Traumsprache vergleicht, und den Erkenntnissen, die wir der modernen historisch-kritischen Exegese verdanken, besonders deutlich spürbar.

Seine Grundentscheidung bleibt allerdings immer noch gültig: Es ist ein Buch der Tröstung und nicht ein Buch des Schreckens, denn der Name des Ozeans, aus dem diese Symbolbilder stammen, lautet wiederum: „Leben“. Es ist nicht das Leben im Sinne eines Schopenhauer oder eines Nietzsche, für die Leben so viel bedeutet wie der ewige Kreis des Willens zur Macht, sondern „das Geheimnis eines heilig-unsäglichen Lebens, einer Erfüllung über alles Maß, eines Unnennbar-Kommenden, einer Wandlung und Vollendung aus Gott heraus: des Neuen schlechthin“ (Herr, 577).

Das Symbol des mit sieben Siegeln verschlossenen Buches sprach Guardinis Daseinsgefühl besonders an. Es war das eines Gläubigen, der sich fast schmerzhaft bewusst war, dass er in einer zunehmend unlesbareren Welt lebte, deren Fragen die Wissenschaft ebenso wenig zu beantworten vermag wie die Philosophie. Angesichts der Unlesbarkeit der Welt und der Unverständlichkeit des Menschen fand Guardini seinen Trost im apokalyptischen Symbol des Lammes, dem es vorbehalten ist, die Siegel des Buches zu lösen, „weil Er die Welt und ihre Frage bis ans Ende durchgelitten hat, obwohl er ihr nicht unterworfen war“ (Herr, 602). Die Überlegenheit dieser „Lösung“ ist nicht die einer neuen Lehre, sondern die des Lichtes, „das von ihm her auf alles fällt“, und der „Lösung, die sein Hauch im Herzen vollzieht“.

Die „Lösung“, die Guardini auf den letzten Seiten seines Buches erwägt, ist etwas anderes als die Lösung eines mathematischen Problems. Sie besteht in einer ganz neuen Verkreuzung von Zeit und Ewigkeit, vom Alpha und Omega aller Dinge. Die Ewigkeit, um die es sich hier handelt, ist keine bloße Überzeitlichkeit und schon gar nicht eine Unwandelbarkeit: „Unendliches Leben drängt herein, ewiges Leben, wird von dem endlichen Leben in der Zeit empfunden und von seiner Sehnsucht gerufen. Heiliges, aus Gott kommendes Leben“ (Herr, 638).

An der menschlichen Lebenszeit gemessen ist Guardinis vor mehr als 80 Jahren erschienener „Herr“ ein altes Buch, aber keineswegs ein veraltetes, nicht mehr lesenswertes Buch. Seine jugendfrische Sprache und sein außerordentliches phänomenologisches Sehvermögen geben auch den heutigen Lesern immer noch zu denken.

7. Nachtrag

Die in Heft 5 der *Revue internationale Michel Henry* enhaltenen „Vorbereitenden Notizen“ zu Henrys Buch *Worte Christi*, dessen ursprünglicher Titel *Wort Gottes* lauten sollte, geben uns einen vorzüglichen Einblick in die philosophische Werkstatt dieses zeitgenössischen Phänomenologen, der sich ebenso wenig wie Guardini scheute, sein Denken mit den „Worten ewigen Lebens“ Jesu Christi zu konfrontieren.[10]

Für beide Denker ist das heimliche Passwort, das diese Konfrontation trägt, das Verbum „Hören“ in der vielfachen Bedeutung des neutestamentlichen *akouein*. „Wer Ohren hat zu hören, der höre!“: die Bereitschaft, diese Worte ernst zu nehmen, entscheidet über das, was Henry als „die transzendentale Bedingung der Möglichkeit des Hörens“ bezeichnet.

[10] Michel Henry, „Notes préparatoires à Paroles du Christ“ in: Revue internationale Michel Henry, N° 5, hg. von Jean Leclerq, mit einem Vorwort von Jean Greisch, Louvain, 2014, 25–164 (=Notes).

Eine der ersten Notizen Henrys lässt keinen Zweifel über die Qualität eines solchen Hörens aufkommen. Sie setzt nicht weniger als „*die Bedingung der Sohnschaft und die Erprobung dieser Bedingung*, anders gesagt: die Geburt von oben" (Notes, 25) voraus. Weder bei Henry noch bei Guardini sind die Worte Christi: „Achtet daher auf die Art und Weise, wie ihr hört" (Lk 8,18), in taube Ohren gefallen.

Henrys Hören auf die Worte Christi vollzieht sich unter den verschärften Bedingungen einer „materialen Phänomenologie", d. h. einer Phänomenologie, welche die Grenzen der intentionalen Phänomenologie Husserls und Heideggers sprengt, was man nicht von Guardinis Phänomenologie sagen kann, die sich weitaus stärker dem Ansatz Max Schelers verdankt. Für Henry ist das Hören auf die Worte Christi von derselben Art „wie das Hören auf die Sprache des Leidens selbst: es ist ein Gefühl, in dem Gott selbst sich empfindet" und zwar als das „Urverständliche" (ebd.), anders gesagt, die Bedingung der Möglichkeit alles Verstehens.

Henry zufolge ist „*die Möglichkeit, auf die* Evangelien *hören* zu können", nicht ein Thema unter vielen anderen des christlichen Denkens. Es ist vielmehr das Zentralthema dieses Denkens überhaupt, insofern es „in besonderer Weise ein transzendentales Denken, nämlich eine ständige Besinnung auf seine eigene Möglichkeit" (Notes, 26) ist.

Mit einer solchen Möglichkeit zu rechnen versteht sich nicht von selbst, und Henry weiß das sehr gut, wie seine Antwort auf einen imaginären Gegner zeigt, der behauptet, niemand habe je so etwas wie ein „Wort des Lebens" gehört. Dies ist, Henry zufolge, ein törichter Einwand, der vergisst, dass „*wir selbst, insofern wir Lebendige sind, eine solche Sprache sprechen*" (Notes, 27).

Die Möglichkeit, das Wort des Lebens zu verstehen, ist dennoch nicht selbstverständlich, wie die Anspielungen Jesu auf die Gefahr des Missverständnisses seiner Worte zeigen. Dies ist einer der Gründe des Misstrauens, mit dem Henry der Hermeneutik, nicht nur der Gadamers, sondern auch der Ricoeurs begegnet. Seines Erachtens nimmt sie die Tatsache, dass alle Hermeneutik im Leben selbst gründet, nicht genügend Ernst.

Manche Exegeten werden diese Einwände mit einer Handbewegung vom Tisch fegen, weil sie scheinbar den Ansprüchen der kritischen Exegese aus dem Wege geht. Die Bedenken, die einige kritische Exegeten seinerzeit gegenüber Guardinis „Herr" erhoben, werden von einer neuen Generation von Exegeten gegenüber Henrys „unkritischem" Umgang mit dem Neuen Testament wieder aufgegriffen. Das sollte uns freilich nicht daran hindern, uns mit Henry zu fragen, ob unter den vielen Spielformen des Bösen das „Sich-Versperren gegenüber dem Hören auf das Wort" (Notes, 28–29), das sündige Un- bzw. Missverständnis, das früher oder später in eine „Verblendung" umschlägt, ernster genommen werden muss, als das üblicherweise der Fall ist.

Henrys Vorverständnis, das seine Besinnung auf die Worte Christi leitet, ist, dass die Worte der menschlichen Sprache, in der wir uns über die Welt verständigen, indem wir Bedeutungen erzeugen, von Zeit zu Zeit auch über die Unsichtbarkeit des Lebens sprechen, und zwar nicht in dunkeln esoterischen Anspielungen, sondern in schlichten Aussagen wie: „Es schmerzt" oder: „Ich hasse dich".

Wenn wir diese Worte des Lebens ernst nehmen, sind wir nicht nur mit dem Problem von Ausdruck und Bedeutung konfrontiert, mit dem sich Husserl in seiner ersten *Logischen Untersuchung* befasste, sondern auch mit der Frage des Zusammenhangs zwischen dem Verstehen und der Wirkmächtigkeit unserer Worte und ihres Zusammenhangs mit dem Handeln. Die Scheidelinie (die *krisis* im johanneischen Sinn des Wortes) verläuft nicht zwischen den „Weltworten" und den „Worten des Lebens", sondern zwischen dem endlichen Leben und dem unendlichen Leben des Wortes Gottes. Die entscheidende Frage ist, wie bereits eingangs angedeutet, inwiefern Jesus Christus als „Wort Gottes" bezeichnet werden kann.

Auch wenn Henry die Antwort in sämtlichen Evangelien und manchmal auch in den Paulusbriefen sucht, zeigen die Entwürfe seines Buches doch deutlich, dass er das Schwergewicht auf das Johannesevangelium legt, das er gleichsam Vers für Vers durchbuchstabiert, und dabei Schritt für Schritt verborgene Schätze entdeckt, die der Spürsinn des Phänomenologen ins Licht zu heben vermag. Auf sein Verfahren, wie auf Guardinis Betrachtungen kann man die geheimnisvolle Formel anwenden, mit der seine Vorarbeiten schließen: „Affection par autrui/*affection par Dieu* même dans le silence, [dans l'] absence de parole". „Vom anderen betroffen sein/ *von Gott betroffen sein*, selbst im Schweigen, selbst dort, wo uns die Worte fehlen" (Notes, 142).

Die Gestalt Jesu bei Romano Guardini und der historische Jesus[1]

Marius Reiser

Er soll nicht möglich sein, der göttliche Christus? Nicht möglich, – woher weiß man, was möglich und nicht möglich ist?
Alfred Döblin[2]

Romano Guardini (1885–1968) ist als Theologe schwer einzuordnen. Das hat er selbst immer so empfunden. Als er zum Zweck einer Promotion ein Thema suchte, tat er sich schon mit der Wahl des Fachs schwer. Historische Untersuchungen, die in der Forschung seiner Zeit ein starkes Übergewicht hatten, zogen ihn nicht an; ihn interessierte nicht, „was einer über die christliche Wahrheit gesagt hat, sondern was wahr ist".[3] Dazu kam die Überzeugung, dass die Theologie „auf einen eigenen Erkenntnisgegenstand, nämlich die Offenbarung, und ein eigenes Erkenntnisprinzip, nämlich den im Dogma verfassten Glauben, begründet sei – wozu natürlich alles zu kommen habe, was Sorgfalt der Methode und Achtung vor den empirischen Fakten heißt."[4] In seinem Gesamtwerk sind Theologie, Philosophie und Literaturwissenschaft auf eigentümliche Weise verquickt. Letztlich geht es ihm um das Ganze der Wirklichkeit. Damit machte er sich in allen akademischen Disziplinen zum Außenseiter. Diese Außenseiterstellung macht jedoch auch seinen Vorzug aus; sie ermöglichte ihm Einsichten, die anderen verschlossen blieben. Das zeigt sich auch an seiner lebenslangen Auseinandersetzung mit den liberalen Exegeten und ihrem Zugang zum historischen Jesus. Diese Auseinandersetzung ist der Gegenstand der folgenden Darstellung. Dabei soll es, ganz im Sinne Guardinis, nicht nur um das gehen, was verschiedene Forscher über den historischen Jesus gesagt haben, sondern wenigstens annäherungsweise auch um das, was an ihren Behauptungen wahr ist.

---

[1] Vortrag bei der Akademietagung über Guardinis „Der Herr" in der Akademie des Bistums Mainz, Erbacher Hof, Haus am Dom, Mainz, am 22. März 2014. Die Herausgeber danken dem Leiter des Carthusianus-Verlages, Herrn Peter Barthold, für die Überlassung des Textes zum zweiten Abdruck. Vgl. den Nachweis am Ende dieses Bandes.

[2] A. Döblin, Der unsterbliche Mensch. Ein Religionsgespräch, in: Ders., Der unsterbliche Mensch. Der Kampf mit dem Engel (hg. von A.W. Riley), München 1980, 203.

[3] R. Guardini, Berichte über mein Leben. Autobiografische Aufzeichnungen, Düsseldorf 1984, 24.

[4] Ebd. 34. Ich habe nur zwei zusätzliche Kommas gesetzt.

1. Der sogenannte historische Jesus

In einem Literaturbericht zur Jesusforschung der Jahre 1990 bis 1995 erklärt Cilliers Breytenbach, „was man unter der historischen Jesusfrage versteht“:

> Beim historischen Jesus handelt es sich um Jesus, wie er bei strenger historischer Methode zum Vorschein kommt, mit den Methoden der neuzeitlichen Geschichtswissenschaft konstruiert wird, ohne die etwaige Übermalung durch die christliche Theologie oder die jüdische Apologetik. Der historische Jesus steht somit im Gegensatz zu dem Jesus der kirchlichen Lehre – zu dem Gott-Menschen.[5]

Diese Definition enthält drei Aussagen: 1. Der historische Jesus wird von der neuzeitlichen Geschichtswissenschaft konstruiert. 2. Diese Konstruktion sieht von den Übermalungen durch die christliche Theologie oder die jüdische Apologetik ab. 3. Der so konstruierte Jesus steht im Gegensatz zum Gottmenschen der kirchlichen Lehre. Die dritte Aussage gilt als Konsequenz aus den beiden vorhergehenden („somit“); das setzt voraus, dass die kirchliche Lehre zu den Übermalungen des ursprünglichen Bildes Jesu gehört. Diese Annahme freilich ist kein Ergebnis „strenger historischer Methode“ – was immer darunter zu verstehen ist –, sondern die philosophische Grundannahme, mit der sich diese Forscher ans Werk machen.

Ganz prägnant formuliert es Hans Conzelmann. Seinen großen Artikel „Jesus Christus“ in der 3. Auflage des RGG von 1959 beginnt er mit dem Satz: „Die geschichtliche und sachliche Voraussetzung der modernen Leben-Jesu-Forschung ist die Emanzipation vom überlieferten christologischen Dogma aufgrund des Vernunftprinzips.“[6] Das heißt: Wer moderne Forschung zum historischen Jesus treibt, verabschiedet sich vom Dogma, dass Jesus Gott und Mensch zugleich ist, und verschreibt sich ganz dem Vernunftprinzip, das heißt der Auffassung, dass die menschliche Vernunft über alles zu entscheiden hat, auch über das, was in der Geschichte möglich oder unmöglich ist.

Das ist es auch, was schon Albert Schweitzer im ersten Kapitel seiner „Geschichte der Leben-Jesu-Forschung“ unumwunden erklärt hat: Erst die Abkehr von jenem Dogma, das offiziell von sämtlichen christlichen Konfessionen festgehalten wird, ermöglicht überhaupt die Suche nach dem

---

[5] C. Breytenbach, Jesusforschung: 1990–1995. Neuere Gesamtdarstellungen in deutscher Sprache: BThZ 12 (1995) 226–249, hier 229.

[6] H. Conzelmann, Art. Jesus Christus: RGG^3 3 (1959) 619–653, hier 619.

historischen Jesus.[7] Der historische Jesus ist demgemäß *per definitionem* bloßer Mensch und nur außerhalb des christlichen Glaubens zu finden; mit dem Christus, den wir in der Liturgie verehren, hat er nichts zu tun. Manche Exegeten formulieren zwar etwas weniger hart oder vermeiden eine klare Aussage, aber grundsätzlich gehen sie fast alle davon aus, dass der „Jesus des Glaubens" vom „historischen Jesus" zu unterscheiden oder überhaupt zu trennen sei.

Genau diese Prämisse war es, die Romano Guardini mit seinen Publikationen über Jesus und die verschiedenen Bilder Christi im Neuen Testament entschieden bekämpft hat. Sein berühmtes Hauptwerk hat deswegen nicht den Titel „Jesus von Nazaret", sondern „Der Herr". Für ihn war klar, dass dieser Herr kein anderer war als Jesus von Nazaret und dass die verschiedenen Bilder Christi im Neuen Testament ihre Einheit nur durch den Bezug auf den fleischgewordenen Logos erhalten. Die Inkarnation war für Guardini ein historisches Faktum. Mit dieser Prämisse machte er sich innerhalb der theologischen Zunft zum Außenseiter, und es sind bis heute nur wenige große Namen auf katholischer wie evangelischer Seite, die es in diesem Punkt wagen, öffentlich derselben Auffassung zu sein wie Guardini. Der letzte Theologe von Rang, der es gewagt hat, war Joseph Ratzinger. Sein Jesusbuch hat deswegen vonseiten der exegetischen Fachkreise ein ähnliches Schicksal erlitten wie Guardinis „Herr": Es erhielt mehr Schelte als Zustimmung.[8]

Betrachten wir daraufhin zunächst die Einwände und Argumente, die Guardini gegen die übliche Jesusforschung der Zunft erhebt, und schauen wir dann, welchen Weg er selbst einschlägt und wie seine Gestalt Jesu aussieht.

---

[7] Vgl. A. Schweitzer, Geschichte der Leben-Jesu-Forschung, Tübingen [9]1984, 47.

[8] Vgl. z. B. R. Riesner, Der Papst und die Jesus-Forscher. Notwendige Fragen zwischen Exegese, Dogmatik und Gemeinde: ThBeitr 39 (2008) 329–345. Den gründlichsten Überblick bietet R. Deines, Can the ‚Real' Jesus be Identified with the Historical Jesus? A Review of the Pope's Challenge to Biblical Scholarship and the Various Reactions it Provoked: Didaskalia 39 (2009) 11–46; ders., Der „historische" ist der „wirkliche" Jesus: Die Herausforderung der Bibelwissenschaften durch Papst Benedikt XVI. und die dadurch hervorgerufenen Reaktionen, in: Ch. Raedel (Hg.), „Mitarbeiter der Wahrheit": Christuszeugnis und Relativismuskritik bei Joseph Ratzinger / Benedikt XVI. aus evangelischer Sicht, Göttingen 2013, 20–66 (erweiterte dt. Fassung des vorigen Artikels). Endgültige Fassung mit Nachträgen: Ders., Can the ‚Real' Jesus be Identified with the Historical Jesus? Joseph Ratzinger's (Pope Benedict XVI) Challenge to Biblical Scholarship, in: Ders., Acts of God in History. Studies Towards Recovering a Theological Historiography, ed. Ch. Ochs / P. Watts (WUNT 317), Tübingen 2013, 350–406.

2. Maßstäbe und der Maßstab

Romano Guardinis Buch „Der Herr. Betrachtungen über die Person und das Leben Jesu Christi" ging aus einem Predigtzyklus hervor, der sich über vier Jahre erstreckte.[9] Der Predigtzyklus erschien 1937 in Buchform. Der Predigtcharakter dieser Betrachtungen ist durchweg deutlich und darf bei der Deutung und Beurteilung des Werks nicht vergessen werden. Am Ende des Buchs steht ein kurzes Kapitelchen mit der schlichten Überschrift: „Abschluß". Dort stellt der Autor eine Frage, die das Ganze betrifft: Ist eine solche Gestalt, wie er sie ganz den Aussagen des Neuen Testaments entsprechend gezeichnet hat, überhaupt historisch möglich? Und er antwortet:

> Sobald die Frage so gestellt wird, ist die Antwort schon gegeben. Sie liegt in der Voraussetzung, die deutlich aus der Frage herausklingt und lautet: In der Geschichte ist nur möglich, was vom Menschen her möglich ist. Steht es so, dann können Dinge, wie sie hier behauptet werden, natürlich nicht sein. Es kann sich dann nur um ein Gespinst von Spekulationen und Legenden handeln, das um einen ursprünglichen Kern herumgewoben wurde. … Der wahre Kern von allem, was über Jesus berichtet wird, können nur eine Menschengestalt und ein Menschenschicksal sein, und die wissenschaftliche Forschung hat die Aufgabe, diesen Kern herauszuarbeiten. Diese Auffassung kann in den verschiedensten Formen und unter verschiedensten Rücksichten ausgesprochen werden; immer aber, darüber wollen wir uns klar sein, werden Grundlage und Wesen des Christlichen durch sie zerstört.[10]

Wenn man in der Geschichte nur gelten lässt, was nach menschlichem Ermessen möglich und wahrscheinlich ist, kann die Gestalt Jesu, wie sie in den Evangelien und dem Neuen Testament gezeichnet wird, so nicht existiert haben. Es wird wohl einen wahren Kern in dieser Darstellung geben, aber er ist umgeben mit einem Gespinst von Spekulationen und Legenden. Man kann mit wissenschaftlichen Methoden versuchen, den wahren Kern freizulegen, aber was man dabei findet, ist eine belanglose Gestalt, so dass man sich fragen muss, „wie man ihr die Wirkungen zuordnen will, die sie doch tatsächlich hervorgebracht hat."[11]

Diese Gedanken hat Guardini in späteren Veröffentlichungen näher erläutert. In einem Büchlein über „Das Bild von Jesus dem Christus im

---

[9] Vgl. R. Guardini, Berichte über mein Leben (Anm. 2) 109; H.-B. Gerl, Romano Guardini 1885–1968. Leben und Werk, Mainz ²1985, 304–310.

[10] R. Guardini, Der Herr. Betrachungen über die Person und das Leben Jesu Christi, Würzburg 1951, 648.

[11] Ebd. 649.

Neuen Testament" – es erschien als hundertstes Bändchen der „Herder-Bücherei" – attestiert er der historischen Forschung am Neuen Testament zunächst „sehr wichtige Ergebnisse". Aber dann fährt er fort:

> Man hat auch kritische Maßstäbe aufgestellt; Früheres von Späterem, Ursprüngliches von Zugefügtem, Echtes von Unechtem, rein Christliches von Hineingetragenem zu scheiden unternommen, und was dabei herauskam, war, bei aller Brauchbarkeit im einzelnen, widerspruchsvoll, unsicher, ja zerstörend. Jeder Forscher hat aus seinen besonderen, oft sehr zufälligen, sehr willkürlichen Anschauungen heraus gearbeitet. Jede Zeit hat geblickt und geurteilt, wie es in ihr üblich war. Alle haben ihre Methoden für Wissenschaft und ihre Ergebnisse für Wahrheit erklärt. Dabei ist Stück um Stück des Textes abgelöst, Gedanke um Gedanke der Lehre Christi ausgeschieden, Zug um Zug seines Bildes verändert worden. Aus dem Herrn ist ein Religionsstifter geworden; ein Prophet, ein religiöses Genie; ein Philosoph; ein Sittenlehrer; ein Sozialreformer; Einer, der nur helfen und Liebe wecken wollte; ein schlichter Mann des täglichen Lebens; ein verstiegener Idealist; ein hoher Held; Einer, der den Einbruch geheimnisvoller Welten erwartete – und so fort.[12]

Was bei dieser Art von Forschung zum Vorschein kommt, ist der „Jesus der Geschichte", der unterschieden und meistens auch geschieden wird vom „Jesus des Glaubens". Der Jesus der Geschichte wird uns in wechselnden Figuren vorgestellt, je nach der Mode der Zeit und den Vorlieben des Forschers. Der Jesus des Glaubens gilt aus der Sicht dieser Forscher als jener Jesus, „wie er uns aus dem Beten, Denken und Verkünden der jungen Gemeinde entgegentritt. Da ist er der Christus; im Ostererlebnis und der Pfingsterfahrung der Jünger zum Verklärten, zum Heiland, zum Herrn, zum ewigen Sohn und Logos des Vaters, zum Gottmenschen geworden."[13] Demnach *wäre* er das alles nicht, sondern wäre dazu geworden, genauer: von den Jüngern und der frühen Kirche gemacht worden. Das ist eine faire Beschreibung einer Forschungsrichtung, die in der exegetischen Wissenschaft, wie sie an den Universitäten gelehrt wird, immer noch dominiert. Guardini fährt fort:

> Was ist dazu zu sagen?
> Dass es diesen Jesus der bloßen Geschichte nie gegeben hat. Hinter der Theorie steht nämlich die Voraussetzung, die Gottessohnschaft Christi sei

[12] R. Guardini, Das Bild von Jesus dem Christus im Neuen Testament, Freiburg 1962, 31 f.
[13] Ebd. 36.

> keine Wirklichkeit, sondern „nur Glaube" – das heißt aber subjektives Erlebnis. Doch das ist ein Dogma – ein Dogma des Unglaubens.[14]

Hinter der Theorie, dass der historische Jesus und der Christus des Glaubens zwei ganz verschiedene Figuren seien, und damit auch hinter dem methodischen Verfahren, das in den Evangelien Echtes von Unechtem, ursprüngliches Bild und spätere Übermalungen zu scheiden unternimmt, steht demnach ein Dogma, jenes Dogma, das kategorisch erklärt, dass es in der Geschichte nur das geben kann, was vom Menschen her möglich ist; dass Gott nicht in die Geschichte eingreift und schon gar nicht als Inkarnierter die Bühne des Geschehens betreten haben kann; dass das christologische Bekenntnis Teil des ideologischen Überbaus der Jünger nach Ostern ist, um es einmal ganz hart zu formulieren. Dieses Dogma ist freilich ein nicht weiter begründbares Axiom, das unter Wissenschaftlern, die sich den Überzeugungen der sogenannten Aufklärung verschrieben haben, als selbstverständlich und evident gilt. Für den gläubigen Christen aber ist es weder selbstverständlich noch evident. Er sieht nur eines: Dieses Dogma ist eine unbewiesene und unbeweisbare philosophische Annahme, die den christlichen Glauben „zerstört", wie Guardini unverblümt sagt. Deshalb schließt er sein großes Buch mit folgendem Absatz:

> Christus gegenüber wird die Bekehrung des Denkens gefordert. Nicht nur die Bekehrung des Willens und Tuns, sondern auch die des Denkens. Die aber besteht darin, daß nicht mehr von der Welt her über Christus nachgedacht, sondern Christus als der Maßstab des Wirklichen und Möglichen angenommen und von Ihm her über die Welt geurteilt werde. Diese Umkehr ist schwer einzusehen und noch viel schwerer zu vollziehen. Umso schwerer, je deutlicher im Fortgang der Zeit der Widerspruch des Weltdaseins dagegen wird, und je offenkundiger jeder, der sich darauf einläßt, als Tor erscheint. Im Maße das Denken es aber versucht, erschließt sich die Wirklichkeit, welche Jesus Christus heißt. Und von ihr wird alle Wirklichkeit sonst erschlossen: enthüllt, aber auch in die Hoffnung des Neuwerdens gehoben.[15]

Guardinis Sicht der Dinge können wir wiederum in drei Aussagen zusammenfassen: 1. Den historischen Jesus, der bloßer Mensch war, hat es nie gegeben. 2. Die Forschung, die daran glaubt, beruht auf einem Dogma. 3. Von diesem Dogma müssen wir uns zu Christus als dem eigentlichen

[14] Ebd. 36 f. Von diesem „Dogma" redet Guardini bereits in „Der Herr" (Siebenter Teil IX) (Anm. 10) 626.

[15] R. Guardini, Der Herr (Anm. 10) 650.

Maßstab des Wirklichen und Möglichen bekehren. Ich sehe keine Möglichkeit, diese Sicht der Dinge mit der eingangs dargestellten Sicht einer bestimmten Richtung historisch-kritischer Jesusforschung zu vermitteln. Dass historisch-kritische Jesusforschung auch mit den Voraussetzungen Guardinis möglich ist, werden wir noch sehen.

Die Alternative, die Guardini an der zuletzt zitierten Stelle in einem Satz formuliert hat, führt er in einem eindrucksvollen Abschnitt im Kapitel über Auferstehung und Verklärung Christi aus. Ich will diesen Abschnitt in voller Länge zitieren, denn hier wird das Grundanliegen des ganzen Buchs formuliert.

> Wir sind hier vor ein Entweder-Oder gestellt, das bis auf den Grund geht. Sobald wir uns selbst zum Maßstab nehmen: unser menschliches Dasein, wie es ist; die Welt, wie sie um uns besteht; die Weise, wie unser Denken und Fühlen vor sich geht – und von dort aus Jesus Christus beurteilen, dann müssen wir den Auferstehungsglauben als ein Ergebnis bestimmter religiöser Erschütterungen, als ein Erzeugnis anfangender Gemeindebildung, das heißt aber als Täuschung ansehen. Und dann ist es nur eine Frage der Konsequenz, wie schnell man ihn samt seinen Voraussetzungen und Folgerungen ausscheidet und ein „reines Christentum" herauszuarbeiten sucht. Das freilich wird nicht viel mehr sein, als eine dünne Ethik und Frömmigkeit.. Oder aber es wird uns klar, was die Christusgestalt fordert, nämlich Glaube. Wir erkennen, daß sie nicht gekommen ist, um uns neue Erkenntnisse und Erfahrungen innerhalb der Welt zu bringen, sondern uns vom Bann der Welt zu befreien. Wir hören ihre Forderung und gehorchen ihr. Wir nehmen die Maßstäbe, von denen aus über Christus gedacht werden muß, von ihm selbst entgegen. Wir sind bereit, zu lernen, dass er nicht mit edleren oder innerlicheren Werten und Kräften die Welt weiterführt, sondern daß mit ihm das neue Dasein beginnt. Wir vollziehen jene Achsendrehung, die eben „Glauben" heißt und nach welcher nicht mehr von der Welt über Christus nachgedacht wird, sondern von ihm her über alles sonst. Dann sagen wir nicht mehr: In der Welt gibt es kein Lebendigwerden eines Gestorbenen, also ist die Auferstehungsbotschaft ein Mythos – sondern: Christus ist auferstanden, also ist die Auferstehung möglich und seine Auferstehung die Grundlage der wahren Welt.[16]

Der christliche Glaube bedeutet eine „Achsendrehung", „die Umwertung der Maßstäbe, die Umwendung des Herzens", „den Umbau des Denkens"[17]

[16] R. Guardini, Der Herr (Anm. 10) 483. Vgl. ebd. 487 f.
[17] Ebd. 520.

und „den Umbau des Wirklichkeitsbewusstseins“.[18] „Denn wer sein Leben retten will, der wird es verlieren; wer aber sein Leben verliert um meinetwillen, der wird es finden“ (Mt 16,25). Dieses Wort Jesu gehört nach Guardini „zu den Worten, die am tiefsten das Wesen des Christlichen ausdrücken“.[19]

3. Die Darstellung Christi in Guardinis „Der Herr"

Zunächst eine kurze Vorbemerkung zur Methode der „Betrachtungen“, wie Guardini seine Analysen im Untertitel des „Herrn“ nennt. Jedem aufmerksamen Leser wird auffallen, dass er oft enttäuschend wenig zur Exegese der Texte sagt, die er bespricht. Ihm geht es um die großen Linien des Geschehens, um das Wesen der Dinge und das Erfassen der Gestalten, die in den heiligen Texten agieren. Er war bemüht, „ohne fachtheologische Voraussetzungen und Terminologien, vielmehr ganz vom Phänomen her zu arbeiten“.[20] Dazu bedarf es einer besonderen Erkenntnis- und Auffassungsgabe, die sich ihre Haltung vom Gegenstand vorgeben lässt.[21] Darin ist Guardini, wie Leo Scheffczyk in einem bemerkenswerten Aufsatz ausführt, der Philosophie der Phänomenologie verpflichtet, „die zum Wesen, zum Sinngehalt der Dinge zu gelangen trachtet, aber dabei die Forderung nach der entsprechenden Erkenntnishaltung des Menschen zu seinem Erkenntnisgegenstand aufstellt“.[22] In dieser Weise hat Guardini auch Dante, Pascal und Gestalten aus den großen Romanen Dostojewskis analysiert. Die entsprechenden Untersuchungen hat er selbst „in gewissem Sinne als Vorübungen“ für seine Jesusdarstellung bezeichnet.[23] „Ich habe jeweils den Gegenstand genommen, der mich interessierte, an Literatur so viel gelesen, als unbedingt notwendig war, um informiert zu sein, im übrigen aber gesagt,

[18] Ebd. 231 f. Diese Ausführungen sind m. E. die eindrucksvollste Formulierung der Aufgabe, vor welcher der zum Glauben entschlossene Christ steht.

[19] Vgl. ebd. 218.

[20] R. Guardini, Berichte (Anm. 9) 45.

[21] Vgl. R. Guardini, Das Christusbild der paulinischen und johanneischen Schriften, Würzburg ²1961, 7–15. Diese Reflexionen über „Erkenntnis und Glaube“ gehören nach Joseph Ratzinger „zum Wichtigsten, was bisher zur Methodenproblematik der Schriftauslegung gesagt wurde“ (Schriftauslegung im Widerstreit. Zur Frage nach Grundlagen und Weg der Exegese heute, in: Ders., Schriftauslegung im Widerstreit (QD 117), Freiburg i.B. 1989, 15–44, hier 35 Anm. 29).

[22] L. Scheffczyk, Das Christusgeheimnis in der Schau Romano Guardinis, in: W. Seidel (Hg.), „Christliche Weltanschauung“. Wiederbegegnung mit Romano Guardini, Würzburg 1985, 110–139, hier 115.

[23] R. Guardini, Christusbild (Anm. 21) XI.

was mir wichtig schien."[24] Der Gefahr des Dilettantismus war er sich dabei wohl bewusst.[25]

In seinem Buch „Der Tod des Sokrates", das in den Kriegsjahren entstand, stellte sich Guardini noch einmal eine ganz ähnliche Aufgabe wie im „Herrn". Im Wissen um die platonische Überformung der Gestalt des Sokrates versuchte er nicht, den historischen Sokrates durch Quellenkritik zu rekonstruieren, sondern die in vier Schriften Platons – Eutyphron, Apologie, Kriton, Phaidon – erscheinende Gestalt in ihrer lebendigen Wirklichkeit zu erfassen. Denn dieser Sokrates ist es, „der, die Schriften Platons tragend, im philosophischen Leben des Abendlandes weitergewirkt hat."[26] Analoges gilt vom Jesus der vier Evangelien.

Es hat wenig Sinn, Guardinis Betrachtungsweise zu kritisieren. Entscheidend ist, was er mit *seinem* Blick für die Dinge gesehen hat. Dieser *Blick* für die Dinge ist von der Sache her jenes Erkenntnisorgan, das John Henry Newman als „illative sense" beschrieben hat. Nach Newman besitzt diesen Sinn oder Blick grundsätzlich jeder Mensch, aber jeder Mensch auf anderen Gebieten. Er ist somit eine sehr persönliche Gabe.[27] Blaise Pascal hat dieses Erkenntnisvermögen „esprit de finesse" genannt und dem Herzen zugeschrieben; darüber hat Guardini in seinen „Versuchen über Pascal" auch gehandelt.[28] „Einer kann die Texte des Alten und Neuen Testamentes im Kopf haben, mit dem Stand der Leben-Jesu-Forschung vertraut sein und

---

[24] R. Guardini, Berichte (Anm. 9) 48.

[25] Ebd. 46. Dieses Vorgehen versucht er in einem Aufsatz über „Heilige Schrift und Glaubenswissenschaft" von 1928 näher zu begründen und zu rechtfertigen – mit wenig Erfolg, wie mir scheint. Den Aufsatz findet man jetzt in: R. Guardini, Wurzeln eines großen Lebenswerks. Aufsätze und kleine Schriften Band 2, Mainz / Paderborn 2001, 337–383.

[26] R. Guardini, Der Tod des Sokrates. Eine Interpretation der platonischen Schriften Eutyphron, Apologie, Kriton und Phaidon, dritte erweiterte Auflage Godesberg 1947, 16. Die Erstausgabe erschien 1943.

[27] Vgl. J.H. Newman, An Essay in Aid of a Grammar of Assent. Edited with introduction and notes by I.T. Ker, Oxford 1985, Kap. IX (222–247). Dt.: Entwurf einer Zustimmungslehre. Durchgesehene Neuausgabe der Übersetzung von Theodor Haecker (VII. Band der Ausgewählten Werke von John Henry Kardinal Newman), Mainz 1961, 241–269; J. Artz, Der Folgerungssinn in Newmans Zustimmungslehre: Internationale Cardinal Newman Studien 2 (1954) 219–245. 361–371; ders., Art. Illative Sense: HWP 4 (1976) 201 f; M. Reiser, Der biblische Begriff des Herzens in der Benediktsregel. Mit einem Ausblick auf Blaise Pascal und John Henry Newman, in: J. Kaffanke (Hg.), „... Nimm den Zuspruch des gütigen Vaters willig an". Geistliche Vaterschaft bei den Wüstenvätern und im benediktinischen Mönchtum (Weisungen der Väter 22), Beuron 2015, 98–119, hier 114–118.

[28] Vgl. R. Guardini, Christliches Bewußtsein. Versuche über Pascal (Romano Guardini Werke, hg. von F. Henrich), Mainz / Paderborn 1991, 143–152.

doch das Eigentliche nicht wissen." Das bemerkt Guardini in einer Adventsbetrachtung aus dem Jahr 1960.[29] Es ist nur allzu wahr.

Guardini war klar, dass die Evangelien in ihrer literarischen Art eine eigentliche Biografie Jesu nicht hergeben.[30] Aber daran war er auch nicht interessiert. Was er herausarbeiten wollte, ist die Eigenart der Gestalt Jesu, wie sie in ihren verschiedenen Aspekten in den Evangelien und der Apostelgeschichte, aber auch in den Paulusbriefen, dem Hebräerbrief und der Offenbarung des Johannes zur Darstellung kommt. Diese Eigenart sieht Guardini darin, dass uns in der Gestalt Christi Offenbarung schlechthin entgegentritt, die von keiner innerweltlichen Kategorie oder Erfahrung her konstruiert werden kann. „Wer Christus ist, was in Ihm sein kann und was nicht, welche Züge in sein Bild gehören und welche nicht, kann von keinerlei welthaften Voraussetzungen ausgemacht, sondern muß von Ihm selbst entgegengenommen werden."[31] Eine Theologie oder Exegese, die das nicht sieht und anerkennt, mag die bedeutungsvollsten Einzelergebnisse hervorbringen, hat jedoch „ihren eigentlichen Gegenstand verloren und damit aufgehört, überhaupt Theologie zu sein".[32] Das ist ein harter Vorwurf an eine bestimmte Form von Theologie, insbesondere von historisch-kritischer Exegese. Aber die Erfahrung zeigt, dass ein nicht geringer Teil der exegetischen Forschungsliteratur der Moderne faktisch eher der Religionswissenschaft oder Religionsphilosophie zuzuordnen ist als der Theologie.[33] Theologische Exegese, die diesen Namen verdient, ist heute zum Desiderat geworden.

Der die Evangelien betreffende Teil des „Herrn" ist nur grob biografisch geordnet, im Übrigen aber thematisch orientiert, wie es auch in modernen historisch-kritischen Jesusbüchern der Fall ist. Was die Evangelien erzählen, sind für Guardini allerdings durchweg Berichte, das heißt: Erzählungen von wirklich so Geschehenem. Das gilt für ihn von den synoptischen Evangelien ebenso wie vom Johannesevangelium. Von den „Berichten der Evangelien"

[29] R. Guardini, Nähe des Herrn. Betrachtungen über Advent, Weihnachten, Jahreswende und Epiphanie, Würzburg 1960, 13. Er fährt fort: „Wir müssen bitten, Der, der allein vom lebendigen Christus weiß, der Heilige Geist, möge wirken, dass die heilige Gestalt des Herrn uns einleuchte."

[30] Vgl. R. Guardini, Der Herr (Anm. 10) 39, 159.

[31] R. Guardini, Christusbild (Anm. 21) 20.

[32] Ebd. 14.

[33] Eine sorgfältige Unterscheidung und Gegenüberstellung findet man bei M. Seckler, Theologie – Religionsphilosophie – Religionswissenschaft, in: Ders., Im Spannungsfeld von Wissenschaft und Kirche. Theologie als schöpferische Auslegung der Wirklichkeit, Freiburg u.a. 1980, 26–41.

redet er von der ersten Seite an.[34] Für Unterschiede in den biblischen Erzählgattungen hat er keinen Blick. Auch die Kindheitsgeschichten betrachtet er als Berichte.[35] Das macht die Lektüre der ersten knapp vierzig Seiten (1. Teil, I.–VI.) des Buchs heute schwer genießbar. Viele seiner Kommentare zu diesen „Berichten" sind einfach sentimental. Deshalb sei für eine Erstlektüre empfohlen, diesen Teil, wenigstens zunächst, zu überspringen.

Das Ziel, die Gestalt Jesu in ihrer Eigenart zu erfassen, bringt das zweite Hauptthema des Buchs mit sich: Was bedeutet der *Glaube* an diese Gestalt des Offenbarers, für den es keinen Maßstab gibt, der vielmehr selbst der Maßstab für alles ist? Die Ausführungen zu dieser Thematik sind unverändert eindrucksvoll und aktuell. In den Jesusbüchern der Fachexegeten wird man nichts Vergleichbares finden. So stellt Guardini einmal die Frage, ob das Glauben für die Zeitgenossen Jesu, als er noch in Galiläa wanderte, leichter war als heute, da wir ganz auf Zeugnisse und Überlieferungen angewiesen sind? Und seine Antwort ist bemerkenswert: „Die Aufgabe der Späteren: aus Predigt, Buch und Beispiel; aus den heiligen Vorgängen des Gottesdienstes; aus künstlerischem Bild, Sitte, Brauch und Symbol den lebendigen Christus herauszuhören, ist sehr schwer – wahrscheinlich aber nicht schwerer als jene, im ‚Sohn des Zimmermanns' den Sohn Gottes zu erschauen."[36] Diese Schwierigkeit ist natürlich beseitigt, wenn man annimmt, dass der Sohn des Zimmermanns tatsächlich nicht der Sohn Gottes war. Aber damit hat man auch das ganze Christentum beseitigt.

Die Schwierigkeit des Glaubens an ihn macht Jesus vor Ostern einsam. Das hebt Guardini immer wieder hervor.[37] „Jesus ist während seines Lebens zuinnerst einsam gewesen. Wirklich neben ihm hat keiner gestanden. Seine Gedanken hat keiner geteilt, und bei seinem Werk hat ihm keiner geholfen."[38] Am quälendsten empfindet Guardini das Verhalten der Jünger. „Sie verstehen nicht, ziehen die Dinge ins Kleinliche, sind eifersüchtig gegeneinander, nehmen sich zu viel heraus; wie aber dann die Entscheidung kommt, versagen sie."[39] „Das Nichtverstehen der Jünger ist nicht von der

[34] Hier sei angemerkt, dass merkwürdigerweise auch viele Exegeten, die die biblischen Erzählungen viel skeptischer betrachten als Guardini, aus reiner alter Gewohnheit trotzdem von „Berichten" reden.

[35] Zu dieser Frage vgl. M. Reiser, Wie wahr ist die Weihnachtsgeschichte?: EuA 79 (2003) 451–463; „Siehe, da kamen Magier aus dem Osten nach Jerusalem …". Zu welcher literarischen Gattung gehört die Geschichte in Mt 2?: TThZ 122 (2013) 34–47.

[36] R. Guardini, Der Herr (Anm. 10) 299 f.

[37] Vgl. ebd. Register s.v. „Einsamkeit" und das Kapitel über „Jesus und die Menschen" in: R. Guardini, Die menschliche Wirklichkeit des Herrn. Beiträge zu einer Psychologie Jesu, Würzburg 1958, 62–66.

[38] R. Guardini, Der Herr (Anm. 10) 67.

[39] Ebd. 111.

Art, wie wenn ein Mensch vor einer zu großen Aufgabe versagt, sondern sie haben zum Herrn gar nicht das Verhältnis, aus dem er richtig gesehen werden kann: sie glauben nicht wirklich."[40] So steht er auch unter ihnen einsam da.

Die Schwierigkeit des Glaubens an Jesus, wie sie sich gerade für seine Zeitgenossen auftat, verdeutlicht Guardini an einer Stelle durch einen Hinweis auf das Menschenbild der Antike, dem die Geschichte und Gestalt Jesu so gar nicht entspreche. In der vorchristlichen Antike sei der Maßstab für alle Gestalten und Begebnisse „der Wille zur Größe, zu Reichtum, Macht und Ruhm". „An diesem Maßstab wird alles gemessen, auch Frevel und Untergang. Was ihm widerspricht, fällt aus dem Eigentlich-Menschlichen aus. Es ist Sache der Menschen zweiten Grades; der kleinen Leute, denen die Plage des Daseins auferlegt ist, oder der Sklaven. Die sind da, sind nötig, aber zum Eigentlich-Menschlichen gehören sie nicht …"[41] Das ist zweifellos richtig gesehen. Im Fall Jesu ist es ganz anders.

In diesem Leben geschehen Dinge, die jenem Bilde des Allein-Wertvollen nicht angehören. Das Geschlecht, aus dem Jesus kommt, ist abgesunken, und er denkt nicht daran, es wieder hochzubringen. Von einem Streben nach Macht ist keine Rede. Aber auch nicht von philosophischer Größe, oder vom Ruhm des Dichters. Jesus ist arm. Nicht wie ein Sokrates, dessen Armut einen philosophischen Klang hat, sondern einfachhin, wirklich. … Was endlich das Schicksal Jesu angeht – wie beunruhigend und schrecklich ist es doch! Er lehrt und dringt damit nicht durch; genau gesehen nicht einmal bei seinen Anhängern, denn sie verstehen ihn ja nicht. Er kämpft, und im Grunde ist es gar kein eigentlicher Kampf. Die Mächte prallen gar nicht richtig gegeneinander. Sein Tun und was ihm widerfährt, hat eher den Charakter eines seltsamen Mißerfolges. Er geht nicht in einem großen Zusammenhang unter, sondern ihm wird der Prozeß gemacht. Seine Freunde tun nichts, gestehen wir den kläglichen Eindruck ein, den das Verhalten des Petrus auf Gethsemane und im Vorhof des Hohenpriesters auf jedes ehrliebende Herz machen muß. Das Leiden und Sterben Jesu ist vom natürlichen Standpunkt aus quälend und unerträglich. Man kann es verstehen und erschüttert miterleben, wenn der große Philosoph für seine Idee stirbt; oder der Held in der Schlacht untergeht; oder Cäsar von der letzten Stufe der Macht unter den Dolchen der Verschwörer fällt – aber wie soll man sehen und nicht empört sein, wenn der Künder der göttlichen Weisheit angespien

[40] Ebd. 519.

[41] Ebd. 380. Guardini bezieht sich für diesen Gedanken auf ein „kluges Buch", das vor einiger Zeit erschienen sei. Man wüsste gerne, welches Buch er meint, aber leider nennt er weder Autor noch Titel.

wird; die Soldaten sich mit ihm einen grausigen Spaß machen; ein Tod über ihn verhängt wird, der ihn nicht nur körperlich aus dem Wege räumen, sondern auch in seiner Ehre und Sendung auslöschen soll? Vorher aber der „Bund in seinem Blute“ (Mt 26,28); jenes Geheimnis, das wie er es in Kapharnaum ankündigt, vom Gefühl der Hörer leidenschaftlich abgewiesen wird.[42] Und nachher das ungeheure Geschehen der Auferstehung, dessen Bericht auf die neuzeitliche Wissenschaft den Eindruck der Phantastik oder des Krankhaften macht. Und dennoch werden dieser Tod zur Quelle des erlösten Daseins, die Eucharistie zum Herzgeheimnis des christlichen Lebens, und die Auferstehung zur umwandelnden Macht für nun schon zwei Jahrtausende![43]

Diese Ausführungen stehen in einem zentralen Kapitel des Buchs, das „Gottes Demut“ überschrieben ist. Wenn diese Grundhaltung Jesus kennzeichnet, dann muss sie auch ein Kennzeichen Gottes sein, das uns durch seinen Sohn offenbart worden ist. Guardini hat ein feines Gespür dafür, wie sehr die in den Evangelien erzählte Geschichte Jesu dem natürlichen Denken und Empfinden widerspricht. Durch allzu große Gewöhnung haben wohl die meisten Gläubigen den Sinn dafür verloren oder nie besessen. Die Diskrepanz zwischen den Erwartungen, die an Jesus herangetragen werden, und dem tatsächlichen Verlauf der Geschehnisse, verschärft seine Einsamkeit und führt zu jener Reaktion seiner Zeitgenossen, die man traditionell „Ärgernis nehmen“ nennt, ein Thema, das Guardinis Buch durchzieht.[44] Er bezieht sich auf das Wort Jesu: „Selig, der an mir kein Ärgernis nimmt!“ (Mt 11,6).

> Ein solcher ist also groß und zu preisen, denn die Gefahr, an Christus Ärgernis zu nehmen, liegt unaufhebbar und dringlich in seinem Dasein selbst, und es ist schwer, ihr nicht zu verfallen. In Christus selbst, darin, daß er Mensch ist, liegen die „Einwände“ dagegen, daß er der Sohn Gottes sei. Gerade das, was Gottes Liebe tut, die Annahme der Knechtsgestalt, spricht dagegen, daß Gottes Liebe wesenhaft und persönlich hier sei: „Ist dieser nicht der Zimmermannssohn?“ So bildet denn auch tatsächlich sein Leben eine beständige Entfesselung dieses Ärgernisses, immer neu, bis er mit der ganzen Apparatur von Recht und Ordnung dafür gestraft wird, daß er den Anspruch erhebt, zu sein, der er ist. So viel „Gründe“ gibt es gegen ihn, daß er nur „den Kleinen und Unmündigen“ offenbar wird, welche von Gründen nichts wissen, und den „Zöllnern und Dirnen“, welche durch das Verdikt, das von

[42] Vgl. Joh 6,51–61. Auch das ist für Guardini der „Bericht“ eines historischen Ereignisses.
[43] R. Guardini, Der Herr (Anm. 10) 380 f.
[44] Vgl. ebd. das gründliche Sachregister s.v. „Ärgernis“.

> Weisen und Tüchtigen, Staatstreuen und Ehrbaren her auf ihnen selbst liegt, davor geschützt sind, ihrerseits Verdikte zu fällen.[45]

Der zitierte Abschnitt steht allerdings nicht in Guardinis „Herr", sondern in seinem Dostojewskij-Buch, wo er dasselbe Phänomen an der Gestalt des Fürsten Myschkin in Dostojewskijs „Idioten" beobachtet. Christusähnliche Gestalten und Heilige werden immer wieder dieselben Reaktionen hervorrufen und in einer ähnlichen Einsamkeit leben wie ihr Vorbild.

Die Aufklärung träumte von einer „natürlichen Religion", in der die geschilderte Diskrepanz aufgehoben ist, und wollte alles aus dem Neuen Testament streichen, was zu dieser natürlichen Religion nicht passt.[46] Heute glaubt zwar niemand mehr an die „natürliche Religion" der Aufklärer, und doch neigt sich das Denken und Empfinden der Christen in Europa vielfach wieder dem der vorchristlichen Welt zu. Der Widersinn dieser Entwicklung fällt ihnen dabei kaum auf. Vor diesem Hintergrund sollten wir wieder die Ausführungen Guardinis über den Seewandel des Petrus lesen, an dem er die Aufgabe des Glaubens realistisch und ergreifend schildert, und anschließend das Kapitel über den Verrat des Judas, an dem er die Gefahr des Abfalls verdeutlicht, die in jedem von uns steckt.[47]

4. Kritik

Nach diesem kurzen Blick auf Guardinis Absicht und Darstellung der Gestalt Christi in seinem Hauptwerk möchte ich noch einmal auf seine Auseinandersetzung mit der modernen Exegese zurückkommen und diese anschließend in einen weiteren Horizont stellen.

Man hat Guardini von Anfang an vorgeworfen, er harmonisiere die unterschiedlichen Bilder Christi in den Evangelien und überblende alles durch die „johanneische Sehweise".[48] Eine sachliche Kontroverse hat aber,

---

[45] R. Guardini, Religiöse Gestalten in Dostojewskijs Werk. Studien über den Glauben, München 1964, 393. Das Buch erschien ursprünglich 1932.

[46] Vgl. Winfried Schröder, Ursprünge des Atheismus. Untersuchungen zur Metaphysik- und Religionskritik des 17. und 18. Jahrhunderts, Stuttgart-Bad Cannstatt 1998, 111–122; Ch. Bultmann, Bibelrezeption in der Aufklärung, Tübingen 2012.

[47] R. Guardini, Der Herr (Anm. 10) 228–232. 410–418.

[48] Vgl. M. Theobald, Die Autonomie der historischen Kritik – Ausdruck des Unglaubens oder theologische Notwendigkeit?, in: L. Honnefelder / M. Lutz-Bachmann (Hg.), Auslegungen des Glaubens. Zur Hermeneutik christlicher Existenz, Berlin 1987, 21–45, hier 26–30. Denselben Vorwurf erhebt er auch gegen das Jesusbuch von Papst Benedikt – nicht ganz zu Recht, wie mir scheint. Vgl. M. Theobald, Die vier Evangelien und der eine Jesus von Nazareth.

soweit mir bekannt, kaum stattgefunden.[49] Eine gründliche kritische Auseinandersetzung mit Guardinis Sicht vonseiten der historisch-kritischen Exegese hat Michael Theobald 1987 vorgelegt unter dem Titel: „Die Autonomie der historischen Kritik – Ausdruck des Unglaubens oder theologische Notwendigkeit?“[50] Bereits das Wagnis der Auseinandersetzung ist ein Verdienst. Sein Hauptvorwurf an Guardini lautet, dass er die Autonomie menschlicher Geschichte im Blick auf Jesus nicht gelten lässt und deshalb auch nicht die sich daraus ableitende Autonomie der historischen Kritik.[51] Dazu ist meines Erachtens zunächst zu sagen, dass die menschliche Geschichte aus christlicher Sicht nicht autonom verläuft, sondern unter Gottes Vorsehung, die auch in Form von Wundern eingreifen kann.[52] Diese geschichtstheologische Sicht kann auf historischem Weg nicht widerlegt werden.

Was die historische Kritik angeht, hat bereits im 17. Jahrhundert Richard Simon zu Recht darauf bestanden, dass in ihr wie in allen Fragen der Kritik allein Sachkompetenz zählt.[53] Insofern ist es berechtigt, auf ihrer „Autonomie“ zu bestehen. Aber auch diese „Autonomie“ ist keine absolute. Sie hört dort auf, wo die theologische Interpretation beginnt. Diese ist auch nach Richard Simon an die verbindliche Lehre der Kirche, die *Regula* oder *Analogia fidei*, gebunden.[54] Diese Gebundenheit ist sachlich begründet in der hermeneutischen Erkenntnis, dass die historische Kritik wie jede Kritik notwendig von einem Vorurteil oder Vorverständnis und bestimmten Prämissen geleitet ist. Auch das wusste bereits Richard Simon.[55] „Nichts ist

---

Erwägungen zum Jesus-Buch von Joseph Ratzinger / Benedikt XVI.: ThQ 187 (2007) 157–182, hier 176 f.

[49] Ich kenne nur zwei Aufsätze von exegetischer Seite, die sich explizit mit Guardinis Sicht der historisch-kritischen Exegese auseinandersetzen: A. Mertens, An den Grenzen der historisch-kritischen Methode. Orientierungen im Blick auf Romano Guardini, in: W. Seidel (Hg.), „Christliche Weltanschauungen“. Wiederbegegnung mit Romano Guardini, Würzburg 1985, 141–162 (bezüglich der Anmerkungen ausführlicher in: ThGl 74 [1984] 426–446) und M. Theobald, Die Autonomie der historischen Kritik (Anm. 48). Beide gehen auf Guardinis Argumente gegen die Methode und Voraussetzungen der historisch-kritischen Exegese nur teilweise ein.

[50] M. Theobald, Autonomie (Anm. 48).

[51] Vgl. M. Theobald, Autonomie (Anm. 48) 28 f. 32 f.

[52] Vgl. M. Reiser, Das christliche Geschichtsbild. Seine Herkunft und seine moderne Rezeption, in: Ders., Die Letzten Dinge im Licht des Neuen Testaments. Bilder und Wirklichkeit, Aachen 2013, 179–199.

[53] Vgl. M. Reiser, Richard Simons biblische Hermeneutik, in: Ders., Bibelkritik und Auslegung der Heiligen Schrift. Beiträge zur Geschichte der biblischen Exegese und Hermeneutik (WUNT 217), Tübingen 2007, 185–217, hier 200–204.

[54] Vgl. Vatikanum II, Dei verbum 12. Zu Richard Simon vgl. M. Reiser, Bibelkritik (Anm. 53) 209–214.

[55] Vgl. ebd. 204–209.

fiktiver, als die Annahme, unser Sehen und Denken sei vorurteilslos, oder die Forderung, es solle so sein", meint Romano Guardini in seinem Buch über den Gegensatz und führt diese Behauptung anschließend eindrucksvoll und ganz im Sinne Richard Simons aus.[56]

Michael Theobald möchte einerseits die Relativität, Bedingtheit und Immanenz geschichtlicher Ereignisse festhalten, andererseits aber auch die Einzigartigkeit, Unbedingtheit und Offenbarungsqualität der Heilsereignisse.[57] Er spricht von einem Konflikt beider Sichtweisen, der „auszutragen" sei[58], sagt aber leider nichts dazu, wie er sich dieses „Austragen" vorstellt. Handelte es sich bei den gegenübergestellten Größen um Gegensatzpaare im Sinne Guardinis, also um Paradoxien, dann wäre die eine die ergänzende Seite der anderen.[59] In diesem Fall wäre eine Vermittlung nicht nur denkbar, sondern eo ipso gegeben. Der wirkliche Sachverhalt müsste also anders formuliert werden. In jedem Fall aber müsste der Gegensatz zu Immanenz Transzendenz lauten, nicht Offenbarungsqualität. Diese Fragen müssten noch gründlicher bedacht werden.

Michael Theobald wirft Guardinis Darstellung weiter vor, dass in ihr „die Geschichte Jesu und Projektionen des nachösterlichen Glaubens in eins zusammenfließen".[60] Die Rede von „Projektionen des nachösterlichen Glaubens" ist zumindest missverständlich. Außerdem bleibt hier offen, welche Grundgedanken der biblischen Überlieferung Theobald denn für „Projektionen des nachösterlichen Glaubens" hält. Gehören die Inkarnation des Logos und die Gottessohnschaft Jesu dazu? Oder seine wirkliche Auferstehung? Diese Frage müsste zumindest angesprochen und geklärt werden, denn damit ist das eigentliche Anliegen Guardinis und sein Konflikt mit jener Richtung der historisch-kritischen Exegese berührt, die Michael Theobald verteidigen will.

In seiner Kritik an der Jesusdarstellung Joseph Ratzingers erwähnt Michael Theobald ausdrücklich die Ähnlichkeit seines Programms mit dem Guardinis: „Wie Romano Guardini will auch Joseph Ratzinger das Bild des Herrn ‚von den Evangelien her' zeichnen, und das heißt für ihn, *nicht* das Konstrukt des ‚historischen Jesus' *hinter* den Evangelien, sondern ‚den Jesus

[56] R. Guardini, Der Gegensatz. Versuche zu einer Philosophie des Lebendig-Konkreten, Mainz [3]1985, 193. Das Buch erschien erstmals 1925. Guardini nimmt hier Erkenntnisse Hans-Georg Gadamers vorweg, der seinerseits auf voraufklärerische Erkenntnisse zurückgreift. Vgl. H.-G. Gadamer, Wahrheit und Methode. Grundzüge einer philosophischen Hermeneutik, Tübingen [4]1975, 255–261.

[57] M. Theobald, Autonomie (Anm. 48) 31.

[58] Ebd. 33.

[59] Vgl. R. Guardini, Der Gegensatz (Anm. 56). Dort vor allem 37–102. Guardinis Gegensatzreihen sind ebd. 99 aufgeführt.

[60] M. Theobald, Autonomie (Anm. 48) 33.

der Evangelien', den er ,als den wirklichen Jesus, als den historischen Jesus im eigentlichen Sinn darzustellen' bemüht ist."[61] Der Hauptvorwurf, den er Joseph Ratzinger am Ende macht, lautet: Er schreibe „die Christologie des Johannesevangeliums, aber nicht nur diese, dem historischen Jesus selbst" zu. Damit mute er der „historisch-literargeschichtlichen Vernunft" zu viel zu.[62]

Ob dieser Vorwurf im Falle Joseph Ratzingers oder Romano Guardinis wirklich zu Recht besteht, wäre noch zu klären. Vor allem aber wäre zu klären, was wir der historischen Vernunft und der literargeschichtlichen Forschung zumuten können und was nicht, und was das für die johanneische und kirchliche Christologie bedeutet. In der historischen Forschung geht es ja nie allein um historische Befunde, sondern auch um deren Deutung und Bedeutung. Und dabei kommen immer philosophische oder theologische Überzeugungen ins Spiel. Die Christologie ist auf jeden Fall eine Sache der Deutung und damit der Dogmatik. Und dass die dogmatische Diskussion über die Bedeutung und die adäquate Interpretation der Gestalt Jesu eine Geschichte hat, die auch nach dem Johannesevangelium weiterging, ist bekannt. Aber das Mindeste, was wir annehmen müssen, ist doch wohl, dass die kirchliche Deutungsgeschichte, die in den Dogmen der ersten ökumenischen Konzilien zu einem gewissen Abschluss kam, beim historischen Jesus einen plausiblen Anhalt hatte. Ohne einen solchen Anhalt wäre es undenkbar gewesen, einen Gekreuzigten, der zu Lebzeiten vielleicht nicht einmal messianische Ansprüche erhoben, geschweige denn wirkliche Wunder getan hatte, wie viele Exegeten annehmen, zu Gottes Sohn zu erklären. Wo Rauch ist, muss auch Feuer sein.

5. Eine historische Rechtfertigung und eine kühne These

Dem Vorwurf der „johanneischen Sehweise" des historischen Jesus wollte Guardini mit einem größeren Werk entgegentreten, das jedoch nur teilweise ausgearbeitet und publiziert wurde.[63] Das eigentliche Problem formuliert er in einer Reihe von Fragen:

---

[61] M. Theobald, Evangelien (Anm. 48) 160. Eine weitere Erwähnung Guardinis auch ebd. 165 Anm. 23.

[62] Ebd. 180.

[63] Es sind nur zwei Ausarbeitungen erschienen: „Das Christusbild der paulinischen und johanneischen Schriften", ursprünglich 1941 unter dem Titel „Jesus Christus. Sein Bild in den Schriften des Neuen Testaments" erschienen, dann erneut 1961, sowie „Das Bild von Jesus dem Christus im Neuen Testament", ursprünglich 1953 erschienen.

> Wie ist die Gestalt Christi gebaut? Wie tritt sie uns aus den Quellen entgegen? Wodurch unterscheidet sich das Bild, das die Synoptiker von ihr zeichnen, von dem des Paulus und wieder dem des Johannes, und worin besteht jeweils deren Wesentliches? Wie verhalten sich diese Bilder zu einander? Sind sie unvereinbar, so dass man jedes auf sich beruhen lassen muß? Widerspricht vielleicht sogar eines dem anderen, so dass die Glaubwürdigkeit des Ganzen in Frage gestellt wird? Oder besteht eine Einheit, und welcher Art ist sie?[64]

Diese Fragenreihe beweist, dass Guardini sich der historischen Probleme der Jesusforschung im Hinblick auf die Christologie sehr wohl bewusst war. Unter den mir bekannten historisch-kritischen Exegeten hat sie vor allem Graham Stanton nicht nur klar gesehen, sondern auch die Konsequenzen für seine Darstellung des historischen Jesus daraus gezogen.[65] Stanton untersucht in einem ersten Teil das Bild Jesu, wie es in den vier Evangelien mit jeweils unterschiedlichen Perspektiven und Akzenten gezeichnet wird. Erst im zweiten Teil versucht er dann zu bestimmen, wieweit die Evangelisten das Bild des vorösterlichen Jesus aufgrund ihrer österlichen Erfahrungen modifiziert, verändert und ergänzt haben. Dabei lehnt er es ab, mit den üblichen Kriterien einen vermeintlich zuverlässigen Bestand authentischer Überlieferungen auszusondern. Die weitergehenden Fragen, in welcher Beziehung die Verkündigung Jesu, aber auch die Aussagen der Evangelisten zur heutigen christlichen Theologie stehen und wie der zeitliche Abstand zum ersten Jahrhundert überbrückt werden kann, betrachtet Stanton zwar als sinnvoll, möchte aber nicht eigens darauf eingehen.

Wie Romano Guardini sieht auch Graham Stanton eine grundsätzliche Einheit der Gestalt Jesu in den vier Evangelien. Diese Gestalt hat überall ihre übermenschlichen Züge. Einen rein menschlichen Jesus ohne göttlichen Nimbus findet man in keinem Evangelium und in keiner synoptischen Quellenschicht, man mag sie rekonstruieren, wie man will. Die Einheit der Gestalt Jesu in unseren Quellen ist im Letzten kein historisches Problem, sondern ein anthropologisches, philosophisches und theologisches. Die Rekonstruktion eines historischen Jesus, der bloßer Mensch sein soll, beruht jedenfalls, wie Guardini zu Recht moniert, auf purer Willkür.[66]

---

[64] R. Guardini, Christusbild (Anm. 63) X.

[65] G. Stanton, The Gospels and Jesus. Second edition, Oxford 2002. Dieses Jesusbuch von mäßigem Umfang ist ohne gelehrten Anmerkungsapparat klar und für eine breite Leserschaft verständlich geschrieben. Leider existiert noch keine deutsche Übersetzung davon. Näheres dazu bei M. Reiser, Kritische Geschichte der Jesusforschung. Von Kelsos und Origenes bis heute (SBS 235), Stuttgart 2015, 126–129.

[66] R. Guardini, Christusbild (Anm. 63) 5.

Im Jahr 1938, ein Jahr nach Guardinis „Herr", erschien ein Buch des großen englischen Exegeten Sir Edwyn Hoskyns in deutscher Übersetzung: „Das Rätsel des Neuen Testaments".[67] Auf Englisch war es bereits 1931 erschienen. Es ist immer noch lesenswert. Darin zeigt Hoskyns auf, dass die Christologie sämtliche Schichten der synoptischen Tradition und alle ihre literarischen Formen prägt, sodass es unmöglich ist, sie gänzlich als eine nachträgliche Deutung zu erweisen.[68] Im Hinblick auf den historischen Jesus erklärt der Autor:

> Durch eine bloße Zusammenstellung von allerhand Bruchstücken, die man aus der Überlieferung auswählt und nach Belieben für echt erklärt, kommt man nie zu einem Jesusbild, von dessen Wirklichkeit man auch nur einen Augenblick überzeugt sein könnte. … Ein wirkliches Geschichtsbild haben wir nur, wenn wir die Einheit des gesamten uns zur Verfügung stehenden Stoffes so erkennen, dass jedes Bruchstück nicht nur als ein Teil des Ganzen, sondern dass in ihm dieses Ganze selbst erscheint; oder, um es anders auszudrücken: dass nicht nur alle Bruchstücke einen gemeinsamen Hintergrund haben, sondern dass dieser auch in jedem Bruchstück sichtbar wird. Wer diese Einheit mit diesem Hintergrund aufweist, der entdeckt den Jesus der Geschichte.[69]

Guardini scheint diese exegetische Rechtfertigung seiner Sicht der Dinge nicht gekannt zu haben. Hoskyns seinerseits steht für eine exegetische Tradition der Jesusforschung, die bis heute andauert. Zu ihr gehören Namen wie Marie-Joseph Lagrange, Ben F. Meyer, Charles Harold Dodd, Graham Stanton und N. Thomas Wright.[70] Auch Martin Hengel gehört dazu.[71] Man kann aus exegetischer Sicht manches an Guardinis Darstellung bemängeln, aber seine Kritik an der üblichen Methode zur Rekonstruktion des historischen Jesus bleibt ebenso im Recht wie sein Einwand, dass von diesen Rekonstruktionen her die historischen Wirkungen, die tatsächlich von Jesus

---

[67] E. Hoskyns / N. Davey, Das Rätsel des Neuen Testaments. Mit einem Vorwort von G. Kittel und J. Schniewind, München 1957. Diese Ausgabe ist gegenüber der von 1938 nur geringfügig verbessert. Deutsche Übersetzungen englischsprachiger Literatur waren damals noch eine Seltenheit.

[68] Vgl. ebd. 152 f, wo das Ergebnis zusammengefasst wird.

[69] Ebd. 181 f.

[70] Zu diesen Namen und ihrem Jesusbild vgl. M. Reiser, Kritische Geschichte der Jesusforschung (Anm. 65).

[71] Vgl. R. Deines, Christology between Pre-existence, Incarnation and Messianic Self-understanding in the Work of Martin Hengel, in: Ders., Acts of God in History (Anm. 8) 407–445.

ausgegangen sind und noch immer ausgehen, nicht erklärbar sind.[72] Die Hoffnung, man könne mithilfe der Sonderung von authentischem und nicht authentischem Gut innerhalb der Überlieferung zum historischen Jesus gelangen, hat der große Historiker Henri-Irénė Marrou bereits 1954 für „naiv“ erklärt.[73] Aber solche Urteile von wirklichen Historikern ignoriert die historisch-kritische Exegese geflissentlich.

Wie stark der Einwand gegen eine rekonstruierte Gestalt Jesu ist, die seine tatsächliche historische Wirkung nicht erklären kann, sieht man übrigens auch an einem Vergleich mit dem Gründer der essenischen Bewegung, dem sogenannten „Lehrer der Gerechtigkeit“. Zwischen beiden bestehen erstaunliche Übereinstimmungen im Sendungsbewusstsein. Der eine wie der andere erhebt den Anspruch, dass an der Stellung ihm gegenüber sich das Heil entscheidet. Der Lehrer der Gerechtigkeit ist zunächst viel erfolgreicher als Jesus. In der anschließenden Wirkungsgeschichte jedoch kehrt sich alles um.[74] Für diese Wirkungsgeschichte sollte der Historiker eine entsprechende Ursache angeben können.

Die Figuren des historischen Jesus in dem eingangs definierten Sinn, wie sie die Jesusforschung bisher erarbeitet hat, sind von verwirrender Unterschiedlichkeit. Aber *eines* sind sie alle nicht: lebendige Gestalten. Es gibt jedoch zwei berühmte Gestalten der Weltliteratur, die als eine Art Verkörperung der Gestalt Christi aufzufassen sind. In beiden erscheint diese Gestalt freilich mehrfach gebrochen. Beide sind als gescheiterte Existenzen dargestellt. Beiden fehlt das wirklich Göttliche. Dafür kommen uns beide viel menschlicher vor als ihre Mitmenschen. Über die eine dieser Gestalten schreibt Romano Guardini: „Alle werden von ihm enttäuscht. Keinem kann er aus seiner Not heraushelfen. Ihm selbst wird alles zerbrochen. Und nach wenigen Monaten langt er wieder an, von wo er ausgegangen war: in der Nacht.“[75] Die Rede ist von Fürst Myschkin in Dostojewskis Roman „Der Idiot“. Während der Christus der Evangelien, am deutlichsten der Christus des Johannesevangeliums, aus dem Licht kommt und ins Licht zurückkehrt, kommt dieser historische Jesus des 19. Jahrhunderts aus der Nacht und

[72] Zu letzterem Einwand bei Guardini vgl. Der Herr (Anm. 10) 649; ders., Christusbild (Anm. 63) 6.

[73] H.-I. Marrou, Über die historische Erkenntnis, München 1973 (frz. Paris 1954), 127 f.

[74] So nach H.-W. Kuhn, Jesus im Licht der Qumrangemeinde, in: T. Holmén / S. E. Porter, Handbook for the Study of the Historical Jesus Bd. 2, Leiden / Boston 2011, 1245–1285, hier 1278–1281.

[75] R. Guardini, Religiöse Gestalten (Anm. 45) 392. Vgl. L. Müller, Dostojewskij. Sein Leben – Sein Werk – Sein Vermächtnis, München ^{2}1990, 46–56; M. Świderska, Der „Idiot“ – ein moderner Christus?, in: H. Setzer u. a. (Hg.), Fjodor Michailowitsch Dostojewski: Dichter, Denker, Visionär, Tübingen 1998, 111–135. Beide finden keine rechte Antwort auf die gestellte Frage.

kehrt in die Nacht zurück. Die andere der beiden genannten Christusgestalten verfällt in geistige Umnachtung und erwacht daraus erst unmittelbar vor seinem Tod. Es ist der Don Quijote des Miguel de Cervantes. Beide Figuren sind menschlich überzeugend, aber es fehlt ihnen das, was den wirklichen Christus einzigartig macht. Den Schöpfern dieser literarischen Gestalten war klar, dass es in dieser Hinsicht keine Wiederholung geben kann, nur eine Wiederkunft.

Der liberalen historischen Jesusforschung ist es noch nicht gelungen, eine menschlich überzeugende Gestalt Jesu zu entwerfen. Das kann wohl nur gelingen, wenn man davon ausgeht, dass die Väter des Konzils von Chalkedon richtig gesehen haben. Denn es gilt Guardinis Wort aus dem Dostojewski-Buch: „Nur Gott bringt es fertig, reine Menschlichkeit zu verwirklichen. Wirklich Mensch zu sein, ist nichts Natürliches, kein selbstverständlich gegebener Ausgangspunkt. Für bloße Menschenkraft ist es unmöglich.“[76] Ohne diese Einsicht werden wir kein überzeugendes Bild des historischen Jesus zustande bringen und auch keine der menschlichen Realität entsprechende Anthropologie.

Im Jahr 1958 erschien Guardinis letzte Untersuchung zur Gestalt Jesu: „Die menschliche Wirklichkeit des Herrn. Beiträge zu einer Psychologie Jesu“.[77] Im Vorwort kommt er noch einmal auf die Prämisse des rein menschlichen Jesus zurück, der nach Ostern zum Gott stilisiert worden sei, und meint:

> Das Umgekehrte jener Prämisse ist wahr. Wenn es gelänge, zu dem „ursprünglichen“, das heißt, noch nicht von den Aposteln durchdachten, noch nicht durch die Verkündigung entfalteten Christus durchzudringen, dann wäre Er ungeheurer und unbegreiflicher, als was die kühnsten der paulinischen oder johanneischen Sätze über Ihn aussagen.[78]

Nur von dieser Voraussetzung her ist nach Guardini die Kirchengeschichte und die christliche Frömmigkeitsgeschichte erklärbar. Das ist eine kühne These. Aber sie hat viel für sich.

---

[76] Ebd. 396 f.

[77] Vgl. o. Anm. 37. Auch in: Ders., Das Wesen des Christentums. Die menschliche Wirklichkeit des Herrn (Romano Guardini Werke, hg. von F. Henrich), Mainz / Paderborn 1991, 71–208. Das Stichwort einer „Psychologie Jesu“ ist missverständlich. Aber Guardini erklärt selbst, was er darunter versteht.

[78] Ebd. 19 / 84. Es lohnt sich, das ganze Vorwort (9–21 / 73–86) sorgfältig zu lesen und dazu das letzte Kapitel über „die absolute Andersartigkeit Jesu“.

Christologie als Ideologiekritik

Zu Guardinis Zeitdiagnose im „Herrn"

Hanna-Barbara Gerl-Falkovitz

Einstimmung

Wegen der außergewöhnlichen Klarheit des Denkens und der gleichzeitigen Schönheit seiner Sprache ist Guardinis Meisterwerk bis heute lesbar (während Karl Adams zeitgleiches Christusbuch von 1936 in einzelnen germanophilen Aussagen nur schwer verdaulich ist). Der gebürtige Italiener und Wahldeutsche ist einer der wenigen Theologen des 20. Jahrhunderts, der die gefährlichen Herausforderungen der Moderne annahm und biblisch durchdachte, z.B. die Macht der Technik, die empfundene Sinnlosigkeit des Daseins, den Tod, den Nihilismus, die Gottferne. Außerdem schloss er große abendländische Gestalten auf: von Sokrates, Augustinus, Dante – bis Nietzsche, Rilke, Freud und Kafka. Es sind behutsame Augenöffnungen. Aber „leise" heißt nicht „leidenschaftslos". Es gehört zu Guardinis bezwingenden Merkmalen, dass er in seinen Klärungen des Daseins etwas Unausgesprochenes, Bebendes verbirgt. Ein Berliner Hörer sagte, Guardini müsse „immer einen Ketzer an seine Brust drücken und mit ihm ringen". Dieses Ringen war spürbar, durch viele Arbeiten geht ein „geheimes Erdbeben".

Aber wunderbar nachvollziehen lässt sich dann die Auflösung im Vertrauen auf Christus – das ist echt und groß geleistet, zumal Guardini selbst von Schwermut heimgesucht war. „Angefochtene Zuversicht" ist eine ergreifende Haltung dieses großen Lehrers; sie hilft die Gegensätze des Lebens auszuhalten.

In dem Meisterwerk „Der Herr" wird christliche Theologie zur Sprache der Leidenschaft, zur Glut des Schauens. Guardini verdünnt den Herrn nicht rationalistisch, er zeigt, wie jeder Evangelist und Paulus eine andere Facette dieser kaum zu bewältigenden Gestalt nachzeichnet. Christus wird blutvoll. Und Guardini entwickelt etwas Seltenes: Dass Gott auch sein Schicksal an den Menschen fand, nicht nur umgekehrt. Solche Auslegung erschüttert; sie zeigt die Verantwortung, die oft unterschätzte Freiheit des Menschen. Sie zeigt auch die freudigen Bewegungen, die heftigen Durchbrüche der Gnade, ja, aufrauschendes Glück. Erschütterung und Glück stammen aus dem, was Guardini „Gewalt von Herrlichkeit" Gottes nennt, „inbrünstige Wirklichkeit".

Guardini war im Hörsaal – in Berlin, Tübingen und München – immer anziehend für Hörer auch am Rande des Glaubens. Ihnen hat er auch den Unterschied von Religion und Glauben freigelegt: Religion dient häufig der eigenen Wunscherfüllung; Glaube ist Vertrauen auf die Vollendungskraft Gottes. „Manchmal war es, als stände die Wahrheit wie ein Wesen im Raum", notiert er später, ganz uneitel. Erstaunlich sind die vielen Konversionen in seinem Umfeld, obwohl er sie nicht „wollte", sich aber darüber freute. Denn Kirche ist ihm mehr als eine Organisation; sie ist wirklich Leib Christi; sie sichert in seinen Augen die nicht selbstherrliche Auslegung der Schrift. In ihr geschieht Begegnung der Welt mit dem Licht. Kirche hat so auch die Auslegung der Gestalt Christi über die Jahrhunderte hinweg gesichert.

1. „Der Herr" als Antwort auf die totalitäre Macht

Im September 1936 kündigte Romano Guardini, damals 51 Jahre alt, das Erscheinen eines Buches an, das zum geistigen Schwerpunkt vieler Menschen, über die Generationen hinweg bis heute, werden sollte. Nach Ostern 1932 hatte er begonnen mit Ansprachen in Berlin, die in einer losen Sammlung „Aus dem Leben des Herrn" ab 1933 in kleiner Auflage regelmäßig herauskamen. Diese Sammlung wurde unter dem Titel *Der Herr. Betrachtungen über die Person und das Leben Jesu Christi* 1937 überarbeitet und im Werkbund Verlag Würzburg als Buch vorgelegt; es ist in zahlreichen Auflagen, zuletzt 2011, erschienen.

Die These lautet: Der Titel ist vor dem Hintergrund der Zeit zu lesen. Es gibt – im Gegensatz zu „Führern" aller Couleur – nur einen Herrn, und diesen seit jeher und für immer. Ohne dass das Gesagte in der Wortwahl politisch wird, schält Guardini in unnachahmlicher Weise die Gestalt Jesu Christi aus den Evangelien und aus dem Alten Testament heraus – und demaskiert durch den Aufweis ihrer Hoheit die erlogene Macht. Dabei stellt er das Tausendjährige Reich deutlich in die Nähe der apokalyptischen Endzeit, so durch das Präsens der Aussage über die Verfolgung der Glaubenden: „Daß Menschen um der Wahrheit und des Namens Gottes willen Gewalt angetan wird, ist schon vor dem natürlichen Gefühl furchtbar. Im Gesicht des fünften Siegels aber ist mehr als das. Da hören wir die Vergewaltigten zum Himmel schreien, und den Himmel antworten: Habt Geduld – trotz des Anscheins, es geschehe nichts. Laßt euch durch das Schweigen Gottes nicht täuschen. Gott schweigt, und die Menschen meinen, sie hätten sichere Macht. In Wahrheit ist die Grenze schon gesetzt. Das Unrecht steigt. Wenn das Maß vor Gott voll ist, kommt die Rache. Daß durch irgend einen

Vorgang der Vergewaltigung dieses Letzte hindurchdroht, beliebig wann und wo – das ist das Apokalyptische."[1]

2. Die werkgeschichtliche Einrahmung

2.1 „Die religiöse Offenheit der Gegenwart" (1932/34)

Dass die Deutung des „Herrn" als Zeitkritik keine nur allgemeine Aussage ist, lässt sich durch eine begleitende Schrift erhärten, die zeitgleich ab Mitte 1932 entstand und im Frühjahr 1934 in letzter, vierter Fassung vorlag, aber nicht veröffentlicht wurde; dies geschah erstmals 2008.[2] Vermutlich waren einige Aussagen darin zu deutlich, die sich kritisch auf *Die religiöse Offenheit der Gegenwart* bezogen. In einer vorletzten Fassung heißt es: „Viele Erscheinungen unseres heutigen Daseins: im Bereich der Erkenntnis, der Kunst, der Medizin, der Pädagogik, des sozial-politischen Lebens werden von hierher (= von einer Endzeiterwartung) bestimmt. Überall wirkt diese eschatologische Haltung. Überall begegnen wir dem Verlangen nach dem Unerhörten. Überall wartet man auf den gesendeten Mann, der die Wende wirkt: Als politischen Führer, der die Wunder wirkt, allheilenden Arzt, prophetischen Künstler, allvermögenden Erzieher oder wie immer. Das Gefühl ist das, das Dasein sei potentiell geworden, und werde sich der formenden Hand fügen."[3] In der letzten Fassung, im jetzigen Druck, heißt es abgeschwächt: „(…) Überall begegnet man dem Verlangen nach dem Unerhörten; nach dem gesendeten Mann, der die Wende wirkt, als allheilendem Arzt, prophetischem Künstler, zum neuen Menschen umwandelndem Erzieher oder wie immer."[4] Weiter im vorletzten Entwurf: „Allenthalben webt die Erwartung, ein Zustand der Vollendung stehe vor der Tür und könne herbeigeführt werden, wenn der große Gesendete komme, und die Menschen sich ihm gläubig ergeben. Dann werde das Unnennbare geschehen." Im Druck: „Allenthalben weht (!) die Erwartung, das Unnennbare werde geschehen, und ein Zustand nicht nur der Vollendung im Sinne der Über-

[1] Romano Guardini, Aus dem Leben des Herrn. Siebenter Teil VI–X, Würzburg 1936, 437; Der Herr, Würzburg [12]1961, 611.

[2] Romano Guardini, Die religiöse Offenheit der Ggenwart. Gedanken zum geistigen und religiösen Zeitgeschehen (1934), mit e. Einführg. hg. v. Stefan Waanders, Ostfildern/Paderborn 2008 (kurz: RO).

[3] Typoskript im Archiv Mooshausen, 43.

[4] RO, 67.

windung von Fehlern und Problemen, sondern geheimnisvoller Erfüllung werde eintreten."[5]

Im vorletzten Entwurf wird neben dem Bolschewismus der Nationalsozialismus genannt, im Druck aber der Faschismus.[6]

Ausgangspunkt von Guardinis Überlegung sind die pseudoreligiösen Züge der totalitären Regime: auf der einen Seite der Missbrauch der Eschatologie durch den Bolschewismus, auf der anderen Seite ein messianischer Führerkult in Faschismus und Nationalsozialismus. „Hier ist mit einem Mal ein gewaltiger Bedarf nach nährender und innervierender Potenz (...) Überall fühlt man die religiöse Verwurzelung der Gestalten und Symbole; die religiöse Innervierung der Motive; die Hinterbauung der Ziele mit religiöser Hoffnung. Das bedeutet eine gewaltige Kraft des Handelns; es reicht wirklich an die Wurzeln, und bringt die Kräfte zum Totaleinsatz des Wagens, Opferns und Schaffens in Bewegung."[7]

Ohne den seit den 90er-Jahren verwendeten Begriff der „politischen Religionen"[8] zu benutzen, entfaltet Guardini – vermutlich als einer der Ersten überhaupt[9] – dieses Paradigma heutiger Totalitarismusforschung. Weniger die „Technik" der Unterdrückung und der Wirtschaftslenkung durch Terror, sondern vielmehr geschichts- und religionsphilosophische Kategorien stehen im Mittelpunkt seiner Analyse. Dieser normative Ansatz erfasst die totalitäre Durchschlagskraft wohl umfassender als stärker methodische Untersuchungen zu Funktion und Entstehungsbedingungen von Gewalt.

Guardini sieht nämlich die Entwicklungen des 20. Jahrhunderts nicht als „Unfälle", gar als „Zufälle", sondern als eine normative Entscheidung. Die europäische Moderne hatte die religiösen Bindungen zugunsten einer autonomen Vernunft überholt, welche von einer ideal gedachten Mündigkeit und Souveränität des Subjekts ausging, gekoppelt an den Glauben an einen unaufhaltsamen Fortschritt und eine rein vernunftbestimmte Fassung

---

[5] Typoskript, 43 f; RO 67.

[6] Typoskript, 57; RO 81.

[7] RO, 62 f.

[8] Vgl. Hans Maier, Politische Religionen. Die totalitären Regime und das Christentum, Freiburg 1995. Hans Maier (Hg.), Totalitarismus und Politische Religionen. Konzepte des Diktaturvergleichs, 3 Bde., Paderborn 1996–1998.

[9] Außer Guardini sind als Namen zu nennen: Eric Voegelin, Die politischen Religionen, 1938; Raymond Aron; später Karl Löwith. Vgl. Brief von Eric Voegelin an Robert Hartman vom 23. Februar 1957 (Voegelin-Archiv München), 2: „And then I re-read Guardini's Der Herr, with a purpose, in order to clarify for myself how to treat the problem of Christianity in the Volume IV. (If you are interested in Christianity, you should read the book. (...)). It is the most comprehensive presentation of the figure of Christ on the basis of the New Testament sources."

kultureller Selbstverwirklichung des Menschen. Damit wird Sinnfindung dem Raum des Subjekts oder dem sozialen Kollektiv zugewiesen. Auf diese Weise wird die Gestalt eines „Heilbringers“ zur Verkörperung, ja zum angebeteten Träger von Heilserwartungen. Der Staat selbst wandelt sich zur Kirche, um im selben Zug die bisherige Kirche auszurotten – so schon in den *Brüdern Karamasow* von Dostojewskij. Guardini hatte auf die Machtergreifung 1933 bereits mit seinen Dostojewskij-Studien geantwortet: mit der Kennzeichnung der Dämonie, deren das Menschliche fähig ist, aber auch mit der Kennzeichnung des Herzens, das dem dämonischen Schein die Kühnheit des wirklich Großen gegenüberstellt.[10] „Von Extremisten der gegenwärtigen Bewegung wird diese Idee (des autarken Daseins) dem Staate zugrundegelegt. Der homo religiosus wie der politicus können hier nur – um der Religion wie um des Staates willen – große Sorge haben. (…) es genügt das klare Bewußtsein, was für eine gewaltige und gefährliche Energie die religiöse ist, und wie problematisch, wie wahrhaft beunruhigend die Spannungen werden müssen, wenn sie in solche Einheit mit der realistischsten aller Aufgaben, der politischen, gebracht wird. Nitroglyzerin ist gut, aber man kann damit keinen Mörtel anrühren, um ein Haus zu bauen.“[11]

1934 fügt er in einer Predigt auf Burg Rothenfels, die bereits vom Reichsarbeitsdienst besetzt war, hinzu: „Heute ist nicht die Zeit der Gedanken, sondern die Zeit der Mächte. So muß unter sie die Macht gestellt werden, die Christus gebracht hat, damit sie die Welt überwinde: Der Glaube. Nicht durch Parolen und Organisationen, sondern durch die glaubenden Herzen.“[12]

2.2 „Der Heilbringer" (1943)

Wie intensiv Guardini die totalitären Entwicklungen tatsächlich mit religiösen Ansprüchen verquickt sah, sogar mit der Zelebration von Pseudo-Liturgien, zeigt sein späterer, aber gleichlautender Ansatz im *Heilbringer*[13] von 1943, wo er auf die Religionsphänomenologie von Gerardus von der Leeuw, Karl Kerényi und C. G. Jung verweist. Im griechischen „Schrecken des Pan“ sah er vorgebildet jenen Terror und jenes *Tremendum*, das immer auch einen Aspekt des Heiligen vorstellt, wie es Rudolf Otto 1917 entwickelt hatte. Im schaudererregenden Numen der alten Religionen ist für Guardini

[10] Romano Guardini, Religiöse Gestalten in Dostojewskijs Werk, Leipzig 1932.

[11] RO, 64.

[12] Romano Guardini, Ephata – tu dich auf!, in: Burgbrief 11/13, August/Oktober 1934, 54.

[13] Romano Guardini, Der Heilbringer in Mythos, Offenbarung und Politik, 1946; entstanden in Mooshausen 1943.

in die Erfahrung gerückt, was sich in der gewalttätigen Beherrschung und knechtischen Unterwerfung der Massen unter dem Terror im 20. Jahrhundert dämonisch wiederholt habe. Die alten Religionen ebenso wie die Perversionen des 20. Jahrhunderts stießen offenbar auf eine psychische Bereitschaft, sich dem Schrecklichen verehrend zu beugen. Stattdessen ist ihm das Christentum die Aufarbeitung jenes göttlichen „Schreckens", des bloß „Numinosen", des Rauschhaft-Überwältigenden. Eben in diesem Sinne ist für Guardini das Christentum keine „Religion" – verstanden als instinktive psychische Verehrung von „Mächten".

Guardini hat nicht nur für den Nationalsozialismus, den er aus nächster Anschauung in Berlin kannte und von dem er selbst latent bedroht war[14], sondern auch für den sowjetischen und chinesischen Kommunismus dasselbe Grundmuster pseudo-religiösen Terrors gewittert. Triebkräfte und Ziele politischer Entwicklungen können nicht einzig unter Funktionsbegriffen analysiert werden, lautet der Gewinn seiner Betrachtung. Seit das Wort *Holocaust* oder *Shoa* für gezielte Menschenvernichtung verwendet wird, ist darin eine religiöse Deutung unvorstellbar wirklicher Vorgänge erkennbar. Guardini hat mit seiner tiefansetzenden geschichtstheologischen Betrachtung eine unausgeschöpfte Antwort auf das „gebrochene Rückgrat" (Ossip Mandelstam) des Jahrhunderts versucht.

3. Zu Umfeld und Methode des „Herrn"

3.1 Christus in Unterscheidung von Sokrates und Buddha

Die Bedeutung des *Herrn* lässt sich tiefer erfassen, wenn man das Umfeld kennt, in dem Guardini das Buch entwarf. Aus einem Brief geht hervor, dass er die Gestalt Jesu ursprünglich in einem Vergleich herausarbeiten wollte – in einer damals ungewohnten Fragestellung. „Tatsächlich bin ich auf die gewisse Parallelität zwischen der Persönlichkeit und der Lehre von Sokrates, und ebenso der von Buddha zur Person Christi durch eigene Lektüre der Quellen gekommen. So hatte ich die Absicht, eine Art ‚Trilogie' zu schreiben, in welcher der Tod Buddhas, der des Sokrates und der Tod Jesu Christi in ihren Ähnlichkeiten, aber auch, und vor allem, in ihren Unterschieden analysiert werden sollte."[15]

---

[14] In den Gestapoakten von Würzburg über Burg Rothenfels am Main steht die Akte Guardini unter etwa 300 Namen an erster Stelle der Beobachtung (Kopie im Archiv von Burg Rothenfels).

[15] Brief an Mary Louise de Marillac vom 3. August 1963 (BSM).

Philosophiegeschichtlich gibt es zwar in der Aufklärung einen Vergleich der ethisch-religiösen Haltung des Sokrates mit Jesus, aber durchaus in einem anderen Sinne als bei Guardini. Ihm lag am Herausarbeiten einer sokratischen „Vorläuferschaft“ zu Jesus, nicht an ihrer Gleichsetzung in der menschlichen Größe. Was die Gestalt Buddhas angeht, so ist Guardinis Fragestellung zu dieser Zeit einzig. Er hat Buddha immer als die eigentlich größte Herausforderung des Christentums durch Asien gekennzeichnet und ihm im *Herrn* einige blitzlichtartige Überlegungen gewidmet. „Einen Einzigen gibt es, der den Gedanken eingeben könnte, ihn in die Nähe Jesu zu rücken: Buddha. Dieser Mann bildet ein großes Geheimnis. Er steht in einer erschreckenden, fast übermenschlichen Freiheit; zugleich hat er dabei eine Güte, mächtig wie eine Weltkraft. Vielleicht wird Buddha der Letzte sein, mit dem das Christentum sich auseinanderzusetzen hat. Was er christlich bedeutet, hat noch keiner gesagt. Vielleicht hat Christus nicht nur einen Vorläufer aus dem Alten Testament gehabt, Johannes, den letzten Propheten, sondern auch einen aus dem Herzen der antiken Kultur, Sokrates, und einen dritten, der das letzte Wort östlich-religiöser Erkenntnis und Überwindung gesprochen hat, Buddha. Er ist frei; aber seine Freiheit nicht die Christi. Vielleicht bedeutet sie nur eine letzte, furchtbar-ablösende Erkenntnis der Nichtigkeit der gefallenen Welt.“[16] „Ein Einziger hat ernsthaft versucht, Hand ans Sein selbst zu legen: Buddha. Er hat mehr gewollt, als nur besser zu werden, oder, von der Welt ausgehend, den Frieden zu finden. Er hat das Unfaßliche unternommen, im Dasein stehend das Dasein als solches aus den Angeln zu heben. Was er mit dem Nirvana gemeint hat, mit dem letzten Erwachen, mit dem Aufhören des Wahns und des Seins, hat christlich wohl noch keiner verstanden und beurteilt. Der das wollte, müßte in der Liebe Christi vollkommen frei geworden, aber zugleich jenem Geheimnisvollen im sechsten Jahrhundert vor der Geburt des Herrn mit tiefer Ehrfurcht verbunden sein. Eines aber ist sicher: Christus steht der Welt anders gegenüber als Buddha: Er setzt einen schlechthinnigen Anfang.“[17]

Die Trilogie kam nicht zustande, nur das Sokratesbuch und die verschiedenen Versuche zum *Herrn*. In ihnen hat Guardini die Mitte seines christlichen Bewußtseins zur Sprache gebracht. Und er hat darin, seinem eigenen Empfinden nach, auch Letztmögliches im Rahmen seiner Kräfte formuliert. „Daß Du den ‚Herrn‘ wünschest, freut mich sehr; er ist ja – zugleich mit dem Hölderlin – mein liebstes Buch.“[18]

---

[16] Der Herr, Würzburg [12]1961, 360.

[17] Ebd., 361.

[18] Brief an Richard Knies vom 18.12.1940 (Nachlass Knies, Diözesanarchiv Mainz).

Gegen den *Herrn* ist vom heutigen Standpunkt unter dem Blickwinkel der historisch-kritischen Methode manches eingewendet worden.[19] Die geforderte Erkenntnishaltung ist aber für die Heilige Schrift eine eigene. Guardini wird nie müde zu betonen, dass ohne diese spezifische Haltung der heilige Text nur in der Art sonstiger Literaturkritik gelesen werde. Damit wird aber der eigentliche Gegenstand der Schrift völlig übersehen. Man „sieht nur äußere Erscheinungen, psychologische Zusammenhänge, philologisch-kulturelle Wortbedeutungen".[20] Anders: *Natürliche* Erkenntnisse bleiben gültig, wo sie sich der Erkenntnishaltung des *Glaubens* unterordnen. Dann dient jede Einzeleinsicht dem Ganzen, während sie sich sonst absolut setzt und ihren Gegenstand damit auf ein Erklärbares, Begriffenes, ein Objekt herabwürdigt.

Welche Haltung ist dann erkenntnisleitend gefordert? Guardini nennt sie die *pneumatische,* einfacher, aber auch abgegriffener ausgedrückt, die glaubende. In ihr bleibt alles an sonstigen Erkenntnissen bestehen, wird nur nicht in seiner (neuzeitlichen) Selbstherrlichkeit belassen. Eine zutreffende Überlegung Guardinis lautet, dass im anderen Fall nur der Theologe oder Geisteswissenschaftler die Schrift überhaupt richtig lesen könne. Offenbarung aber teilt sich unmittelbar mit. Diese Unmittelbarkeit ist durch den Glauben jederzeit, ohne Studium, ohne geschichtliche Rückblende möglich, ja vom Wesen der Offenbarung her nicht anders denkbar. „Wohl ist das Wort Gottes aus der konkreten Situation heraus, in der es geschrieben wurde, sachlich bestimmt. Dennoch hat es etwas Schwebendes an sich, eine schwebende Bedeutung, die darauf wartet, aus jeder Zeit heraus ihre besondere Prägung zu erfahren."[21] Es ist die Kirche, welche jene Gegenwärtigkeit vorstellt, wodurch jede Zeit zu Jesus unmittelbar stehen kann. Guardini „kann gelegentlich sagen, wenn ich auf das Neue Testament ohne die Kirche angewiesen wäre, ich weiß nicht, was ich täte. Die Kirche ist der Garant unseres Glaubens und sie verbürgt auch die Schrift."[22]

Exegese ist daher fragwürdig, sofern sie geschichtliche Erörterungen als Blick in die Vergangenheit vollzieht. Guardini wiederholt hier in einer eigenartigen Parallele die Warnung Nietzsches vor dem Historismus als dem Totengräber der Gegenwart. „Der Historismus verliert in seinem Gestern

[19] Vgl. den Text von M. Reiser.

[20] Romano Guardini, Heilige Schrift und Glaubenswissenschaft, in: Die Schildgenossen 8 (1928), 43.

[21] Ebd., 51.

[22] Josef Weiger, Erinnerungen an Romano Guardini, in: „Lauterkeit des Blicks", Heiligenkreuz 2013.

das Ewige und auch das Jetzt. So wird er unaktuell, akademisch. Das Wort Gottes ... ist wesenhaft Anruf Gottes, aus seiner Ewigkeit in – nicht Zeit überhaupt, sondern – die heutige Zeit. So wird es auch theologisch nicht richtig erfaßt, wenn es nicht aus seiner Zeitunmittelbarkeit erfaßt wird. Es fällt aus dem Ganzen heraus, was wesentlich hineingehört: der ‚Hörer des Wortes', denn der ist der Heutige. Eben damit aber wird die Theologie zu einer gleichgültigen Angelegenheit."[23]

Guardini moniert hier eine Gefährdung, die er bis ins Zentrum des theologischen Anliegens reichen sieht. Der biblische Wahrheitsbegriff, also die Wahrheit der Wirklichkeit, ist unter das Gesetz einer rationalistischen Exegese geraten, statt sie umgekehrt in Dienst zu nehmen. Die düsterste Beschreibung geht dahin zu sagen, die neuzeitliche Exegese habe zwar „die bedeutungsvollsten Einzelergebnisse hervorgebracht, aber ihren eigentlichen Gegenstand verloren und damit aufgehört (...), überhaupt Theologie zu sein".[24]

Bereits das ist ein Hinweis auf die Zeitkritik und Erhellung der Gegenwart unter dem Blick Christi.

3.3 Freilegung der Gestalt Jesu: *Methodenfrage 2*

Guardini geht von der ebenso einfachen wie ungewöhnlichen Voraussetzung aus, die Gestalt Jesu in den Evangelien so zu betrachten, wie sie sich darstelle – d.h. das synoptische Jesusbild gemeinsam mit dem johanneischen in den Blick zu nehmen; dasselbe „unbefangene" Wahrnehmen richtet sich auf den Kyrios des Paulus, der nicht gegen den Christus der Apokalypse oder den endzeitlichen Menschensohn auszuspielen ist.

Guardini unterläuft damit die Voraussetzungen der liberalen Leben-Jesu-Forschung und arbeitet nur wenige Ergebnisse der modernen Textkritik ein. Sein unbedingter Grundsatz lautet, dass es der Glaube sei, der das Eindringen in das Eigentliche der Gestalt Jesu ermögliche. So gehört Gehorsam im Sinne von Hörenwollen ausdrücklich zur methodischen Bedingung der Bibellektüre. Ohne sich anderer bekannter Methoden der Exegese zu bedienen, gelingt es, das Angesicht des Herrn zum Leuchten zu bringen: sein Lebendig-Ganzes jenseits vielfältiger Zerlegungen.

Im Neuen Testament gibt es für Guardini durchaus zwei Ebenen, in denen Jesus gezeichnet wird: Die eine ist die geschichtliche Einwurzelung,

---

[23] Ebd., 51 ff.

[24] Romano Guardini, Das Christusbild der paulinischen und johanneischen Schriften, Würzburg ^{2}1961, 14.

die zweite ein Gefüge von Deutungen und Darstellungsversuchen aus religiöser Kraft. Guardini hält es für unmöglich, diese beiden Ebenen sinnvoll voneinander zu trennen. „Schon die frühesten Texte enthalten auch das übermenschliche Element der Christusgestalt; ebenso wie noch die spätesten das menschliche Element nie aufgeben, ja es ganz bewußt betonen … Der schlichteste Bericht eines Markus offenbart, sobald man ihn richtig hört, die Göttlichkeit Jesu, während noch die metaphysischste Aussage eines Johannes die Dichte geschichtlicher Wirklichkeit festhält."[25]

Die Unterscheidung zwischen Jesus und Christus oder zwischen dem Mann aus Nazareth und dem Messias oder zwischen dem vorösterlichen und dem nachösterlichen Herrn ist für Guardini deswegen eine nicht hilfreiche methodische Trennung. In einem ungeheuer brisanten Gedanken dreht Guardini das Argument neutestamentlicher Exegese, man müsse den geschichtlichen Jesus von dem im Glauben verkündigten ablösen, um mit der Überlegung, dass der geschichtliche Jesus in einer viel dichteren Weise eben das zur Darstellung gebracht hätte, was seine Zeugen nur mühsam von ihm aussagen konnten. „Wenn es gelänge, zu dem ‚ursprünglichen', das heißt, noch nicht von den Aposteln durchdachten, noch nicht durch die Verkündigung entfalteten und durch das Glaubensleben der Gemeinden angeeigneten Christus durchzudringen, dann wäre Er ungeheuerer und unbegreiflicher, als was die kühnsten der paulinischen oder johanneischen Sätze über Ihn aussagen."[26]

Im *Herrn* zeichnet Guardini chronologisch, also von der Geburt bis zur Apokalypse, die Grundgestalt Jesu nach, und zwar nicht im Sinne seines irdischen Lebens allein, sondern dieses Leben als von Anfang an durchsichtig auf die göttliche Wirklichkeit. In Ihm äußert sich Gott, und das Zusammentreffen von göttlichem Leben und endlicher Geschichte macht im Blick Guardinis das Drama Gottes selbst aus. Wo die Fülle auf die Begrenzung trifft und die absolute Macht auf die freiwillige Ohnmacht – in dieser Vereinigung steht die Gestalt Jesu unnachahmlich, unvergleichbar, einzig. Je mehr über diese Konstellation gesagt wird, desto mehr bleibt im Grunde offen, desto geheimnisvoller öffnet sich die Betrachtung in eine unerschöpfliche Tiefe. Auch hier ist nicht System gefragt, kein Einbegreifen Jesu in eine Struktur, keine Erklärung des Unerklärlichen; im Gegenteil, je stärker das Unerklärliche in seiner Wirklichkeit hervortritt, desto näher kommt man in den Bannkreis des Gemeinten.

[25] Ebd., 5.

[26] Die menschliche Wirklichkeit des Herrn, 19.

4. Christologie als Aufdeckung von Ideologie

4.1 Der leise Kampf, oder: die Gelassenheit der göttlichen Geduld

Man kann fragen, ob der Subtext des *Herrn* tatsächlich das Dritte Reich ist. Nicht sehr viele Stellen lassen sich als möglicher Beleg dafür finden, und auch sie können durchaus im Allgemeinen gelesen werden. Das ist zuzugestehen. Aber es ist trotzdem zu sagen: Guardinis Weise der Auseinandersetzung mit der Gegenwart läuft selten in unmittelbarer Kennzeichnung. Vielmehr ist seine Waffe: die Wahrheit. Am Licht verschwindet die Finsternis. Am Guten erweist sich die Nichtigkeit des Bösen. Und an der Gestalt Christi verblassen die Feinde; es lohnt nicht, sich lange bei ihnen aufzuhalten. Das entspricht einem Kerngedanken seiner Auseinandersetzung, dem Stil seines Denkens.

„In der Stille geschehen ja die großen Dinge. Nicht im Lärm und Aufwand der äußeren Ereignisse, sondern in der Klarheit des inneren Sehens, in der leisen Bewegung des Entscheidens, im verborgenen Opfern und Überwinden: wenn das Herz durch die Liebe berührt, die Freiheit des Geistes zur Tat gerufen, und sein Schoß zum Werk befruchtet wird. Die leisen Mächte sind die eigentlich starken.“[27]

„Die Wahrheit ist eine ganz stille Macht.“ „Es sind die leisen Kräfte, die das Dasein tragen.“

Am Ende des *Herrn* heißt es: „So haben wir die eigentlichen Dinge nicht zu beweisen versucht, sondern uns bemüht, die Offenbarung frei herauskommen zu lassen und richtig zu sehen.“[28]

Daher wird die Zeitanalyse nicht an eine Widerlegung des Falschen und Bösen gebunden, sondern an das Aufdecken der Wahrheit. Denn das Gericht über das Böse erfolgt nicht über seine mittelbare Anerkennung und Aufwertung, sondern über seine Entmachtung. Dem Nichts des Bösen entspricht der klassische geistliche Rat seiner Nichtbeachtung, auch der Nichtangst: Daher „soll der Christ alles, was den Charakter des Unklaren und Fesselnden hat, wegschaffen: alle Gefühle der Angst, des Grauens, des Gebanntseins; die geheime Lust am Dunklen, Bösen, Zerstörenden, Unnatürlichen. Nichts hat das Recht, ihn zu ängstigen – und letztlich hat auch nichts die Macht dazu.“[29]

---

[27] Der Herr, 12.

[28] Der Herr, 646.

[29] Romano Guardini, Der Widersacher (Reihe: Christliche Besinnung 37), Würzburg 1940, 20.

Nochmals: „Das christliche Bewußtsein von der inneren Unversehrtheit ist (…) still, schlicht, ohne große Gebärden, im reinsten Sinn demütig und ebendarin wirklich unüberwindbar.“[30]

Diese Haltung ist nicht Passivität, sondern sogar Nachahmung Gottes: „Weil Gott Herr ist vom Wesen her, kann er es auch in reiner Größe über die Dinge sein. Darum hat er die Herrengesinnung, welche die Welt nicht in der Knechtschaft bloßen Scheins hält, sondern sie in echte Wirklichkeit stellt. Darum hält er den Menschen nicht in der Knechtschaft des Zwanges, sondern ruft ihn zu Freiheit und Verantwortung. Er tut es in Ernst und Redlichkeit, so nimmt er die Folgen an, die daraus kommen: die Möglichkeit des Bösen und einer Geschichte, wie sie werden muß, sobald einmal Böses geschieht. Das ist göttliche Herrengesinnung: großmütig, furchtlos und gelassen. Sie hat Geduld; lässt dem Geschehen Raum und der Freiheit ihre Zeit. Sie kann warten.“[31]

Guardini hat lange vor heutigen Versuchen von der „Geduld Gottes“ gesprochen, ihr auch einen kleinen Aufsatz gewidmet.[32]

4.2 Wahrheit versus Macht

„Die Wahrheit bildet das Fundament des Daseins und das Brot des Geistes, doch im Raum der Menschengeschichte ist sie von der Macht getrennt. Die Wahrheit gilt; die Macht zwingt. Der Wahrheit fehlt die unmittelbare Macht, um so mehr, je edler sie ist. (…) Je höherem Range die Wahrheit zugehört, desto schwächer wird ihre unmittelbar zwingende Kraft, desto mehr muß der Geist sich ihr in Freiheit auftun. Je edler die Wahrheit ist, desto leichter kann sie von den groben Wirklichkeiten beiseite geschoben oder lächerlich gemacht werden; desto mehr ist sie auf die Ritterlichkeit des Geistes angewiesen. Das gilt für alle Wahrheit, in einem ganz besonderen Sinne aber für die heilige. Sie steht in der Gefahr des ‚Ärgernisses‘. Sobald sie in die Welt tritt, legt sie die Allmacht vor deren Toren nieder und kommt in der Schwäche der ‚Knechtsgestalt‘.“[33]

„Einst aber werden Wahrheit und Macht eins werden. Die Wahrheit wird so viel Macht haben, als sie gilt und wert ist. Je höher die Wahrheit im Sinn, desto gewaltiger wird sie sein in der Herrschaft. Ungeheures Ereignis! Erfüllung alles Geistesverlangens! Die unendliche Wahrheit Gottes: unendli-

[30] Romano Guardini, Der Widersacher, 20.
[31] Romano Guardini, Das Herrentum Christi, Würzburg 1949, 10.
[32] Romano Guardini, Von der Geduld Gottes (Reihe: Christliche Besinnung), Würzburg 1940
[33] Der Herr, 628.

che Macht. Die heilige Wahrheit Gottes: heilige, erschütternde, umstürzende, verzehrende Macht. Sie wird ausbrechen, ausfluten, alles durchherrschen."[34]

„Jetzt kann die Unwahrheit bestehen, weil die Wahrheit schwach ist – so wie die Sünde bestehen kann, weil Gott den unbegreiflichen Raum lässt, welcher dem Willen möglich macht, sich gegen Ihn zu entscheiden. Jetzt gibt es für ‚kurze Zeit' (...) die Freiheit zu irren und zu lügen. Wenn aber die Wahrheit zur Macht wird, wird die Lüge nicht mehr sein können, weil alles von der Wahrheit voll ist. Sie wird aus dem Sein hinausgedrängt werden und nur noch in einer Form bestehen, für welche es keinen Begriff gibt: der Verdammnis. Für den aber, der die Wahrheit will; für das in uns, was nach der Wahrheit verlangt – welche Befreiung! Ihm wird sein wie einem Menschen, der am Ersticken war und nun mit einem Mal in die Weite reiner Luft gelangt. Alles Seiende wird aufblühen, frei und schön werden."[35]

4.3 Richten der Lüge durch die Wahrheit

Ein wesentlicher Fingerzeig über das *mysterium iniquitatis*[36] liegt in der Behauptung Augustins, dass das Böse nie eine Wirklichkeit war oder vielmehr eine erlogene Wirklichkeit aufbaute. Die Lüge, *pseudos,* liegt in der eigentümlichen Aufblähung des Bösen, das nach Augustinus noch in seinem Zuwiderwirken gegen das Gute von dessen Kraft, und nur davon, zehrt. Damit ist die grausame Realität von Schuld, das Unwiederbringliche auch des Verschleuderten, Vernichteten keineswegs geleugnet oder verkleinert, wie gegen die „Beraubung des Guten durch das Böse" *(privatio boni)* eingewendet wird. Es trifft vielmehr den Kern des Bösen, dass es seine Macht nur unter „geliehener Maske", unter dem Vorwand des Guten ausüben kann. „Das Böse allein erfordert in Wahrheit Bemühung, weil es gegen die Wirklichkeit geht, sich diesen großen, beständigen Kräften zu versagen, die rings uns anfordern und verpflichten"[37], so Claudel. Solche „Enttarnung" des Vorgespiegelten kann existenziell versucht werden, indem man das Nichts des Bösen einfach durchschaut und verzichtend bricht: „auf daß vor mir zurückweichen oder vielmehr in das Nichts übergehen die Leidenschaften, die mich jetzt zu beherrschen und zu knechten suchen".[38]

[34] Ebd., 629.
[35] Ebd., 629.
[36] 2 Thess 2, 7.
[37] Paul Claudel, Der seidene Schuh.
[38] Gregor von Nyssa, De oratione dominica 1, PG 44, 1157 A.

„Nichtig“ ist das Böse, was nicht heißt, dass es keine Macht hat. In der Apokalypse erscheint das Böse in dreifacher Gestalt – antitrinitarisch –: als Drache, der seine Macht übergibt (13,2), einem „Tier aus dem Meer“, das dem Lamm ähnlich sieht, denn es hat zwei Hörner und eine – wieder geheilte – Todeswunde: der Antichrist. Dann aber kommt noch ein zweites Tier, das „zwei Hörner hat wie das Lamm und redet wie der Drache“ (13,11): der Geist der Lüge schlechthin, Gegenmacht zum „Geist der Wahrheit“ (Joh 14,17). Er arbeitet dem Antichrist lügnerisch zu mit Wundern und indem er dessen Bildern scheinbar Leben gibt; sie können sprechen, ja sie können töten: alle, die das Tier nicht anbeten. Dieses Scheinleben ist die große Lüge.

Der Schein wird an der großen Hure Babylon weiter erkennbar. Sie ist nämlich schon zunichte; der erste Ruf „gefallen, gefallen“ (Apk 14,8) ertönt, bevor sie überhaupt auftritt (Apk 16; 17). „Und noch seltsamer ist, daß dem Tier, auf dem Babylon sitzt, zwar Vergangenheit und Zukunft zugesagt wird, aber keine Gegenwart (Apk 17,8).“[39] Es genießt sich offenbar mit dem Ausmalen des Erlebten und der Fiktion des Kommenden – aber was gegenwärtig geschieht, reizt nicht, sättigt nicht, soll noch größer, noch packender, noch taumelnder sein. „... und im Genuß verschmacht’ ich nach Begierde.“)

Wie eine Notiz des Freundes Josef Weiger zeigt, hat sich Guardini immer wieder mit dem Gedanken des Gerichts befasst: „So hat der vergangene Weltkrieg in vielen Gemütern die Hoffnung auf die Wiederkehr Christi zum Gericht ganz neu belebt; (R. Guardini wollte, daß im neuen Diözesangebetbuch eine Andacht zum Jüngsten Gericht Platz finde (...)“[40]

Guardini zeichnet die Gestalt des Richters als die Gewalt der Wahrheit. „Das ist die Gewalt Dessen, der seine Macht in seine Wahrheit hineingeworfen hat. Das Gericht. Der prüfende Stoß des Richters wider alles Seiende. Der apokalyptische Angriff des Heilig-Ewigen gegen die Geschichte. (...) Alles wird schwinden, auf das wir uns gestützt haben. Alle Hüllen, Schanzen, Waffen. Alle irdischen Schützer und Nebenmänner. Alle Rechte, Ehre, Werke, Erfolge und was immer uns geholfen hat, nicht vor die Wahrheit kommen zu müssen. (...) Diese Vollendung ist unfehlbar. Aller Schein zerreißt. Alles Unechte, Nicht-gehörige fällt ab. Nur Wahrheit ist noch.“[41] Die Wahrheit hat kein Gegenbild mehr, oder richtiger: Sie hat nie eines gehabt. Das Böse als Lüge, *pseudos*, löst sich auf.

---

[39] Balthasar, 132.

[40] Tagebuch V, 8: Josef Weiger, De doctrina christiana. Mariae Elisabeth Stapp dilectissimae 1951/52, 149.

[41] Der Herr, 630 ff.

Daher ist das Zerplatzen, Versinken des Bösen sehr wohl ein katastrophisches Geschehen, das mit Donner und Brausen vor sich geht. Aber es geschieht auch hier ein Richten im Aufrichten des bisher Geknechteten, und das wiederum ist leise. „Die Wahrheit ist eine ganz stille Macht." „Einmal werden die lauten Dinge verstummen. Alles Sichtbare, Greifbare, Hörbare wird ins Gericht kommen, und die große Umwendung wird vor sich gehen. (...) Einst werden die Dinge richtiggestellt. Was jetzt schweigt, wird als das Starke deutlich werden. Was verborgen ist, als das Ausschlaggebende."[42]

4.4 Die Apokalypse als Gegenwart

Insbesondere bietet die Apokalypse den Stoff für die Deutung des zeitgenössischen Unrechts und des schon kommenden Gerichts. Nicht als Datum der Zukunft, an deren Kommen ohnehin nur blass geglaubt wird, sondern als hereinstehend und schon gegenwärtig. „Immer aber ist das christliche Gefühl der Meinung gewesen, die apokalyptischen Vier reiten schon früher, in jedem Jahre und in jeder Stunde über die Erde. Sie seien nicht nur etwas, das einst kommen wird, sondern schon jetzt ist."[43]

So ist gerade die Apokalypse das Buch der Gegenwart. „Gott verheißt keine wunderbaren Eingriffe. Die Geschichte hat ihre Zeit und ihre Macht, auch, wo sie sich wider Gott richtet, und die werden nicht aufgehoben. Doch über der irdischen Wirklichkeit wird die himmlische gezeigt. Über den bedrängenden Mächten der Geschichte erscheint, schweigend und wartend, den sie angreifen, Christus. (...) Ein Trost des Glaubens, der voraussetzt, daß der Hörende die Überwindung des Glaubens vollbringe. Und er ist nicht auf morgen und das nächste Jahr bezogen, überhaupt nicht auf dieses Leben, sondern über den Tod hinweg auf die Ewigkeit, und hilft soviel, als dem Hörenden Gott und Christus und Ewigkeit wirklich sind."[44]

Das ist die Haltung Guardinis, und sie hat im Letzten mehr bewirkt als sichtbar wird. Sie ermutigt nämlich zum Vertrauen. „Zuversicht", die paulinische *parrhesia,* ist seit früher Zeit Guardinis Grundwort, auch gegen seine eigene Anfechtung. „Der in dieser Bedrängnis lebt und die Weltmächte ihr Wesen treiben sieht, fragt mit dem Psalm: ‚Steh auf! Warum schläfst Du, Herr?' (...) (43,24). Das Dasein scheint verlassen. Es scheint Gott nicht zu geben. Menschen können tun, was gegen Gottes Willen ist, und ihnen geschieht nichts. Menschen können Gott lästern; erklären, Gott sei tot, und es

[42] Ebd.

[43] Der Herr, 610.

[44] Der Herr, 574 f.

fällt kein Blitz vom Himmel. (…) Die irdischen Mächte scheinen ihre eigenen Herren, die Geschichte scheint das Werk des Menschenwillens zu sein. In Wahrheit ist Er, Christus, der Herr. Das christliche Dasein scheint ausgeliefert. In Wahrheit hütet Er es. Es scheint in den Zufall gestellt; aber in allem, was geschieht, auch wenn es zerstört wird, vollzieht sich ewiger Sinn (…)".[45]

Guardini scheut nicht davor zurück, das besetzte Wort „Reich" zu benutzen. „Satan (ist) Herr eines ‚Reiches'. Er stiftet eine ins Böse gekehrte Wider-Ordnung, worin die Herzen der Menschen, ihr Geist, ihr Handeln und Schaffen, ihre Beziehungen zueinander und zu den Dingen in einem scheinbar sinnvollen, tatsächlich aber widersinnigen Zusammenhang stehen. Vor allem die großen Reden des Johannesevangeliums sprechen davon, daß der Satan bestrebt sei, ein Gegenreich wider Gottes heiliges Reich, eine Wider-Welt gegen die werdende neue Gottesschöpfung aufzurichten. (…) (Satan ist) ein abgefallenes, in die Empörung getretenes Geschöpf, das wider Gott ein verzweifeltes Reich des Scheins und der Unordnung aufzurichten sucht."[46]

Dann aber der Ausblick: „Nachdem Reich der Menschen gewesen, Reich der Dinge, ja in einem furchtbaren Sinne Reich des Satan, soll Reich Gottes werden (…), im auserwählten Volke und in allen Menschen. (…) Die Menschen sollen den Sinn herumwerfen, von den Dingen zu Gott; sollen sich dem anvertrauen, was aus Jesus heraus spricht: dann kommt Reich Gottes."[47]

„Siegend hat Christus es (das Reich) durchgesetzt; rächend ihm Genugtuung verschafft; vollendend es zum Inbegriff des Daseins gemacht. Nun ist alles ‚Reich'; Alles und Eines in Allem."[48]

5. Zeitgenössisches Verstehen?

Es bleibt die Frage, ob Guardinis Anspielungen, die scheinbar nur um Theologie kreisten, tatsächlich auch als Zeitdiagnose verstanden wurden. Dafür sprechen einige Zeugnisse. Auf das Gesuch Guardinis an das Bischöfliche Ordinariat Mainz um das Imprimatur (2. Juli 1937) notiert ein Anonymus (der Generalvikar?) die handschriftliche Bemerkung: „Guardini macht es sich durchaus nicht leicht; er geht keiner Schwierigkeit, *zumal der*

[45] Der Herr, 582 f.
[46] Der Herr, 128 f.
[47] Der Herr, 16. Aufl., 43 f.
[48] Der Herr, 646.

heutigen Zeit, aus dem Wege und sieht die wirkliche Lösung, soweit die Glaubensgeheimnisse sie zulassen."[49] Eva Zeller, eine protestantische Hörerin in Berlin, schreibt in ihren Erinnerungen an Guardinis Vorlesungen, sie hätten „die brüllende Gegenwart so eigentümlich durchkreuzt wie sonst nichts".

Paula Linhart (1906–2012), eine der ersten Rothenfelserinnen, erinnerte an die schmale Schrift Guardinis mit dem harmlos klingenden Titel „Was *Jesus* unter Vorsehung versteht"[50], und fügte hinzu, man habe sofort die Dauerrede des Führers von der Vorsehung im Ohr gehabt und verstanden, wovon sich Guardini absetze.

Wie deutlich er verstanden wurde, zeigt die Tatsache, dass Mitglieder der Weißen Rose, die Geschwister Scholl, vor allem aber Willi Graf Guardini lasen (neben Augustinus und Newman, alle vermittelt durch Theodor Haecker).

Es gibt durch alle Aussagen hindurch das unmittelbar Ergreifende. So notiert der Freund Josef Weiger, Guardini habe in der Kriegszeit in Mooshausen den Triumphgesang des Jesaja über den König von Babylon ausgelegt: „Ich meine, wir deutsche(n) Männer und Frauen müßten ein Verständnis für dieses Lied haben und für die Sorge, daß die Gewaltmenschen, die uns regierten, nicht noch einmal sich erheben. Romano hat dieses Lied einmal hier in Mooshausen auf der Kanzel zitiert. Wer von uns beiden hätte als Student geahnt, daß wir dieses Lied auf eine persönlich erlebte Gegenwart anwenden und nicht bloß als geschichtliche Erinnerung; in ihm den lebendigsten und wahrsten Ausdruck für unsere ureigensten Wünsche und Befürchtungen haben werden?"[51]

Geschichte ist nicht das Geschehene und Abgesunkene, sondern der Raum unseres Daseins. Immer wieder drängen die Gewalten der Zerstörung, des Unmaßes und der Selbstüberhebung vor. Guardini hat seinen Namen in einigen frühen Schriften übersetzt mit „Wächter". Es ist der Wächter, der „das klar Begrenzte" gegen das „Unendliche und Übermäßige"[52] stellt. Das war der Dienst an der Zeit. Mit der Frage: „Wächter, wie weit ist die Nacht?" hat Guardini aber nicht so sehr das Finstere der Nacht, sondern das Vorrücken der Nacht auf den Morgen hin beobachtet, auch und gerade in den 30er-Jahren, während der Erscheinung eines von mehreren Antichristen. Guardinis Ansage ist zeitnah, aber weil sie den Ursachen des Absturzes nachgeht, ist sie zeitübergreifend, heutig. „Mehr als die Wächter auf den

[49] Diözesanarchiv Mainz, Personalakte Guardini. Kursivierung von GF.

[50] Reihe: Christliche Besinnung, Würzburg 1940.

[51] Josef Weiger, Tagebuch (Anm. 39), 109.

[52] Der Herr, 640.

Morgen“ wartet jede, auch die heutige Zeit auf das Aufgehen von Gerechtigkeit, von Wahrheit und von Sinnfülle.

Romano Guardini als Mystagoge

Bemerkungen zur geistlichen Lektüre des „Herrn"

P. Kosmas Lars Thielmann OCist

Ein Jesus-Buch unter vielen?

„Da schon viele es unternommen haben, einen Bericht über die Ereignisse abzufassen, die sich in unserer Mitte zugetragen haben – so wie uns jene überliefert haben, die von Anfang an Augenzeugen und Diener des Wortes gewesen sind -, habe auch ich mich entschlossen, der ich allem von Anfang an sorgfältig nachgegangen bin, es für dich, edler Theophilus, der Reihe nach aufzuschreiben, damit du die Zuverlässigkeit der Lehren, über die du unterwiesen worden bist, erkennen kannst." (Lk 1,1–4)

Der Beginn des Lukasevangeliums könnte auch die Fülle der Bücher beschreiben, die seit Hunderten von Jahren über das Leben Jesu verfasst wurden. Ob katholische, evangelische oder jüdischen Autoren, ob Ludolf von Sachsen[1] oder David Friedrich Strauß[2], Ernest Renan[3] oder Albert Schweitzer[4], Walter Kasper[5] oder Edward Schillebeeckx[6], Klaus Berger[7] oder Gerhard Lohfink[8], Schalom Ben Chorin[9] oder Pinchas Lapide[10]: viele haben es unternommen, das Leben Jesu darzustellen. Unter der Vielzahl der Titel aber ragt ein Werk heraus: „Der Herr. Betrachtungen über die Person und das Leben Jesu" von Romano Guardini. Begonnen im Jahr 1933 als eine lose Folge von Heften, erschien es 1937 erstmals als Buch[11] und erlebte bis heute zahlreiche Auflagen, die einige Male durch Guardini bearbeitet und ergänzt wurden.

---

[1] *Das Leben Jesu Christi*, übers. v. S. Greiner. Johannes-Verlag, Einsiedeln-Freiburg 1994.

[2] *Das Leben Jesu, kritisch bearbeitet.* Osiander, Tübingen 1835.

[3] *Das Leben Jesu.* Steinitz, Berlin 1907.

[4] *Geschichte der Leben-Jesu-Forschung.* 2. neu bearb. u. verm. Aufl. d. Werkes „Von Reimarus zu Wrede", Mohr, Tübingen 1913.

[5] *Jesus der Christus.* Matthias-Grünewald-Verlag, Mainz 1974.

[6] *Jesus: die Geschichte von einem Lebenden.* Herder, Freiburg 1980.

[7] *Jesus.* Pattloch, München 2004.

[8] *Jesus von Nazaret : was er wollte, wer er war.* Herder, Freiburg 2011.

[9] *Bruder Jesus. Der Nazarener in jüdischer Sicht.* München 1967.

[10] *Der Jude Jesus: Thesen eines Juden, Antworten eines Christen* (mit Ulrich Luz). Benziger, Zürich 1979.

[11] Werkbund-Verlag, Würzburg 1937. Im folgenden zitiert nach der 2. Auflage 1938.

Was nun macht „Der Herr“ zu einem einzigartigen Beispiel moderner, geistlicher Literatur? Wie lässt sich seine besondere Qualität bestimmen, die erst vom in drei Bänden erschienen Buch Papst Benedikt XVI. Joseph Ratzingers „Jesus von Nazareth“[12] annähernd erreicht wird?

Eine Antwort auf diese Fragen lässt sich m. E. in der Art der Unterweisung finden, die Guardini seinen Lesern anbietet und die man nicht anders denn als *mystagogisch* bezeichnen kann.

Was ist Mystagogik (oder Mystagogie)?

Ursprünglich in den heidnischen Mysterien-Religionen verwendet, meint Mystagogik die „Einführung in die heiligen Geheimnisse“. Die frühchristliche Theologie, die von einer Arkandisziplin geprägt war, benutzte den Begriff für ihre Katechesen für die Neugetauften, so z. B. Cyrill von Jerusalem in seinen berühmten fünf „mystagogischen Katechesen“, die er um 350 n. Chr. in der Osteroktav hielt, um den Neugetauften die Sakramente Taufe, Firmung und Eucharistie zu erklären.

In neuerer Zeit erlebte der Begriff eine Renaissance, so in der Mysterientheologie Odo Casels oder Arno Schilsons, aber auch bei Karl Rahner und seinen Schülern.

Bernhard Gertz sieht in einer erneuerten Mystagogie ein Desiderat unserer Zeit, wenn er 1986 schreibt: „Dringend erforderlich ist … eine neue mystagogische Einführung in das kirchlich-liturgische Verständnis der Hl. Schrift. Sie kann weder durch historisch-kritische Exegese noch durch Meditation ersetzt werden.“[13]

Diesem Erfordernis entspricht m. E. Romano Guardinis „Der Herr“ (und viele andere Schriften von ihm!) weitestgehend. Es ist erstaunlich, dass Gertz das nicht bemerkt hat.

Ergänzende Arbeiten Romano Guardinis

Zwei Arbeiten Guardinis sind zu nennen, die das im „Herrn“ ausgeführte ergänzen und vertiefen: „Das Christus-Bild in den paulinischen und johanneischen Schriften“[14] und „Das Wesen des Christentums“[15]. In „Das

[12] Herder, Freiburg 2007–2012.

[13] Bernhard Gertz: Art. „Mystagogie“. In: Handbuch religionspädagogischer Grundbegriffe 1. Kösel, München 1986, 84.

[14] Werkbund-Verlag, 2. unveränderte Aufl. Würzburg 1961 (erstmals erschienen 1941).

[15] Werkbund-Verlag, Würzburg 1938.

Christus-Bild“ versucht Guardini, anhand von Begriffen Zugänge zu Grundgedanken des Neuen Testaments zu eröffnen. In „Das Wesen des Christentums“ hingegen entwickelt er die für beide Schriften „Der Herr“ und „Das Christus-Bild“ gültige Kategorie.

Das Selbstverständnis Guardinis

Was sagt Guardini selbst zu seinem Vorhaben, über Jesus zu schreiben? Zunächst stellt er im Vorwort zu „Der Herr“ fest:

> „Er könnte, der Neigung unserer Zeit folgend, eine Psychologie Jesu versuchen, allein die gibt es nicht. [...] Versucht man es trotzdem, zerstört man sein Bild. [...] Oder man könnte ein „Leben Jesu“ versuchen, wie es ja schon oft versucht worden ist. Aber auch das gibt es, streng genommen, nicht.“[16]

Wie ist das zu verstehen? Als Beispiel führt Guardini einen der größten Heiligen der Kirchengeschichte an, Franzikus von Assisi, der oft als „alter Christus“, als anderer, zweiter Christus bezeichnet wird. Von diesem gebe es eine Psychologie, und auch sein Leben könne man problemlos darstellen. Warum geht das aber nicht bei Jesus?

„Im Innersten seiner Persönlichkeit [Jesu] steht das Geheimnis des Sohnes Gottes und hebt jede „Psychologie“ auf [...]“[17] Und wenn man versuchte, Jesu Leben darzustellen, dann stehe dieser zwar in geschichtlichen Zusammenhängen, „dennoch sind weder sein Wesen noch sein Wirken aus geschichtlichen Gegebenheiten abzuleiten, denn er kommt aus dem Geheimnis Gottes und kehrt dorthin zurück, nachdem er „bei uns aus- und eingegangen ist“.(Apg 1,22)“[18]

Was aber bleibt dann noch übrig, wenn man den Versuch unternimmt, über Jesus zu schreiben? Wir können, so Guardini, „die Überzeugung empfangen, daß da ein tiefer Zusammenhang der Gestalt und des Geschehens besteht – auf eine Auflösung aber dieses Zusammenhangs nach der Weise sonstiger Geschichtsbeschreibung verzichten; vielmehr immer wieder vor einer Begebenheit, vor einem Worte, vor einer Tat stehen bleiben, lauschen, sich belehren lassen, anbeten und gehorchen.“[19]

[16] *Der Herr*, S. XIII.
[17] Ebd.
[18] *Der Herr*, S. XIV.
[19] Ebd.

Der Lektüre des „Herrn“ eignet so ein Betrachtungs-, nein, mehr noch ein Begegnungscharakter. Der Leser soll dem „Herrn Jesus“ begegnen können. Guardini will „Emmaus-Erfahrungen“ ermöglichen. „*Worauf es ankommt,*“ so beschließt Guardini sein Vorwort, „*ist die Erkenntnis, die Christus selbst gibt, wenn er „die Schrift aufschließt“ und „das Herz in uns zu brennen anfängt*“. (Lk 24,27 u. 32)“[20]

Guardinis mystagogische Methode: ein Beispiel

Um zu verdeutlichen, wie Guardini als Mystagoge vorgeht, seien als Beispiel die Betrachtungen zum 21. Kapitel der Offenbarung des Johannes gewählt, die den Schluss sowohl im „Herrn“[21] als auch im „Wesen des Christentums“[22] bilden. Die Textstelle Offb 21,1–5a wird im Lesejahr C als Zweite Lesung des Fünften Sonntags der Osterzeit gelesen.

Guardini zitiert zunächst wie stets die Stelle ganz, bevor er beginnt, sie dem Leser zu erschließen. Dadurch erreicht er, dass der Leser selbst das Wort Gottes direkt und unverkürzt vernehmen kann. Ein entscheidendes pädagogisches Moment.

> „Und ich sah einen neuen Himmel und eine neue Erde, denn der erste Himmel und die erste Erde waren vergangen und das Meer ist nicht mehr. Und die heilige Stadt, das neue Jerusalem, sah ich herabsteigen aus dem Himmel, von Gott, bereitet wie eine Braut, die sich ihrem Bräutigam geschmückt hat. Und ich hörte vom Throne her eine gewaltige Stimme, welche sprach: Siehe das Zelt Gottes unter den Menschen, und Er wird wohnen bei ihnen, und sie werden sein Volk sein, und Gott selbst wird unter ihnen sein und jede Träne abwischen von ihren Augen, und es wird kein Tod mehr sein, und Leid und Plage und Schmerz wird es nicht mehr geben, denn das Erste ist vergangen. Und es sprach, der auf dem Throne sitzt: „Siehe, ich mache alles neu!“ (21,1–5)“[23]

Kennzeichnend für Guardinis Zugang ist, dass er zunächst einfach vom Text ausgeht. Den ersten Satz der Perikope aufgreifend, eröffnet er dem Leser einen geistlichen Zugang, den er dann Schritt für Schritt erweitert und vertieft. „*Alles erfüllt seine Zeit und vergeht, aber nichts, was zu Christus*

[20] *Der Herr*, S. XV.
[21] *Der Herr*, S. 732–734.
[22] *Das Wesen des Christentums*, S. 82–84.
[23] Offb. 21,1–5, zit. nach *Der Herr*, S. 732.

kommt, wird verloren sein. Alles wird neu werden. Nicht durch Verzaubebung, sondern durch jenes göttliche Schaffen, das in der Auferstehung Jesu begonnen hat."[24] Und dann bringt Guardini die Aussage des Textes auf ein Begriffspaar, das er etwas später erneut aufgreifen wird: „*Im Auferstandenen ist nicht mehr Innen noch Außen, sondern reines Dasein in der Liebe. Die Liebe aber ist der Geist. Dieses Geheimnis setzt sich in jeden Menschen fort, der zu Christus gehört.*"[25] Bevor er den Gedanken des Innen-Außen vertieft, geht er auf den Gesichtspunkt der Bewegung ein, die sich in diesem Text ausdrückt. „*In dem Bilde ist eine wunderbare Bewegung: ‚Ich sah die heilige Stadt, das neue Jerusalem, herabkommen aus dem Himmel von Gott'. (Apok. 21,10) Sie ‚kommt von Gott herab'. Das ist kein Abstieg aus dem Edlen ins Geringe, sondern von der Art, wie wenn man sagt: ‚die Strahlen der aufgehenden Sonne fließen den Berg hernieder', oder ‚der König steigt die Stufen seines Thrones herab'. Es ist das Herniedersteigen der Majestät, der Huld und Holdseligkeit. Ein Herniedersteigen von der Art, wie es der apokalyptische Maler Matthias Grünewald malt, wenn auf dem Isenheimer Altar von den Höhen des Himmels Engel und Lichtfülle über die sitzende heilige Mutter herabkommen: unendlich strömende Fülle des Segens und der Schönheit.*"[26] Hier wird nicht allein die sprachliche Meisterschaft Guardinis deutlich. Er vermag es vielmehr, den Text buchstäblich ins Bild, nämlich des Isenheimer Altares, zu bringen. Aber die letzte Zuspitzung ist noch nicht erreicht, die Bewegung noch nicht am Ziel. Im Bild von Braut und Bräutigam „*wird die Herrlichkeit zu lauter Liebe. Die ganze Schöpfung geht in seliger Bereitschaft Christus entgegen.* […] *Dieses Wort ist das offenste. Die ganze neue Schöpfung wird im Zustand der Liebe sein.*"[27] Guardini bleibt hierin jedoch nicht stehen. Nun führt er den Gedanken fort bis ins Äußerste: „*Am Schluß der Apokalypse heißt es: ‚Der Geist und die Braut sprechen: >Komm!<' Ein Wort unendlicher Sehnsucht. Der Geist spricht es, und die Braut. Die Braut ist die Schöpfung, die einst aus jenem Anfang in die Liebe hineingeboren worden und nun zur Liebe erwacht. Der Geist aber ist es, aus dem sie liebt. Der Geist wirkt die Verwandlung, die Innigkeit und das Offensein. Das Herz Jesu Christi, des Gottmenschen, wird der Raum sein, in dem alles west.*"[28] Jetzt kommt Guardini auf das Innen und Außen zurück, das er vorher nur andeutete. „*Jenes Innen, das einst in so furchtbarer Einsamkeit leben mußte, von Keinem erkannt, ‚verlassen' selbst noch vom Vater – das wird dann gesiegt haben. Alles was ist, wird in ihm sein. Aber diese Innerlichkeit wird durch alles*

[24] *Der Herr*, S. 732.
[25] ebd.
[26] *Der Herr*, S. 732 f.
[27] *Der Herr*, S. 733.
[28] ebd.

hindurchdringen und offenbar werden. Alles wird offen sein, Licht. Innen und Außen wird es nicht mehr geben, nur Gegenwärtigkeit. Das, die Gegenwärtigkeit der Liebe, die Liebe als Zustand der Schöpfung, die Selbigkeit von Innerlichkeit und Offenheit: das ist der Himmel."[29]

Die Bewegung, die in dem Bild vom himmlischen Jerusalem sich ausdrückt, ist „die Bewegung der Liebe. Der in allem Geschaffenen liegende Eros tritt ins Offene und gewinnt sichtbare Gestalt. Zugleich verwandelt er sich aber, denn die Bewegung kommt ‚aus dem Himmel von Gott herab'. Sie entspringt also nicht einfachhin dem Drang des Geschaffenen zum Schöpfer, sondern die Weise, wie sie sich vollzieht, wird ihr von Gott gegeben."[30]

Nun folgt im „Wesen des Christentums" eine Zielbestimmung dieser Bewegung, die zunächst verblüffen mag. *„Das Ziel dieser den Sinn alles Dasein erfüllenden Liebesbewegung nun"*, so nämlich Guardini, *„ist nicht ‚Gott', sondern das ‚Lamm', Christus also."*[31] Recht verstanden aber nicht als Zentrum, sondern als *„Mittler; Gesendeter und Heimholender; ‚Weg, Wahrheit und Leben'* [...]"[32]

Von hier aus wird deutlich, was Guardini in seinem großartigen Werk „Der Herr" wie auch im Buch „Das Wesen des Christentums" anstrebt. Er will keine Lehre, kein Wissen über das Christliche vermitteln, sondern einen Begegnungsraum öffnen, in den wir, seine Leser, in dieser „Liebesbewegung" immer tiefer hineingeführt werden, um schließlich wem zu begegnen? Einer Person: Jesus Christus.

> „Jesus Christus, der einst auf Erden lebte, ist das ewige Liebes-Du der Welt; das Ziel ihres Wertverlangens und ihrer Sinn-Sehnsucht."[33]

Hier schließt sich der Kreis. Jetzt sollte deutlicher geworden sein, warum eine Psychologie oder Geschichte des Lebens Jesu scheitern muss, die diese Wirklichkeit verkennt, warum es einer eben mystagogischen Erschließung der Hl. Schrift bedarf. Denn *„das Christliche ist Er selbst"*[34]: Jesus Christus – der HERR.

---

[29] ebd.

[30] *Das Wesen des Christentums*, S. 83.

[31] ebd., S. 83 f.

[32] ebd., S. 85.

[33] ebd., S. 84.

[34] ebd., S. 86.

„Halte mein Herz wach ..."

Ein Blick auf Romano Guardinis „Theologische Gebete" und deren gedankliche Voraussetzungen

Peter Reifenberg

1. Die Not des Gebets ist eine Not Gottes

Nicht selten wird die Not des Gebetes als eine Not Gottes verstanden. Man sagt, für den Lebensalltag stelle sich das Beten heute sehr schwer dar, weil eine gewisse Ratlosigkeit in postsäkularen Zeiten eine alles umfassende Gleichgültigkeit nach sich zieht, die das Wertbezogene und Wahrheitssuchende hinter dem Pragma einer niederschwellig gewordenen Glückssuche überschattet.

Doch: Haben nicht alle Epochen und Zeiten solches empfunden? Empfinden die Menschen eine Gottesnot, weil sie sich selbst als Problem erfahren und Gott gar keinen Raum mehr gewähren?

Und doch blitzt immer wieder die Frage nach Sinn und Vollendung auf, nach tiefen Glücks- und Sinnerfahrungen, wenn der zerrissene Mensch heute, vorab in Krisenzeiten, Glück und Sinn, ja Gott mit aufrechtem Herzen – wenn auch oft verdeckt oder anonym – suchen möchte. Gestern wie heute tun Mystagogen not, die zunächst auf einfache Weise die innere Notwendigkeit des Gottsuchens so erläutern können, dass das Suchen als Notwendigkeit erlebt werden kann und das Finden im Alltag wieder möglich wird.

Nicht selten ist die Suche nach gültigen Gebetstexten ebenso schwierig wie das Beten selbst. Mystagogen und Theologen sollten daher stets an den heute nicht immer eindeutigen „Kirchorten" behutsam in den Gebetsraum einführen, gute Hilfe leisten, die weit über pädagogisches Geschick hinauszugehen scheint. Die Hingabe an Gott, an Christus, den Herrn, geschieht nur in leisen Tönen[1]. Doch zunächst ist das Kontakt-Finden und Kontakt-Nehmen mit dem personalen Gott im Vorraum des Gebets, als Suchbewegung des Lebens, im Alltag zu verwirklichen.

Können wir Heutige das Wort Gottes überhaupt noch hören? Können wir rein aus uns heraus, aus unseren Nöten und Schwierigkeiten des Alltags heraus ohne Bildner gebildet werden? Brauchen wir nicht vielmehr glaub-

[1] Vgl. Hanna-Barbara Gerl, Romano Guardini (1885–1968). Leben und Werk, Mainz 1985. 7, 26.27.

würdige Zeugen, die bilden und gültige Inhalte anbieten? Haben wir etwa das Hören auf das Wort verloren?

Die Not des Gebets treibt die Not des modernen, postsäkularen und postmodernen, aber suchenden Menschen, der die Gottverlassenheit auch deshalb erfährt, weil die Diversifizierung des Alltags, die Flut von Informationen und Daten nur schwerlich auf das Einfache zurückzuführen sind. Wie also einsteigen in eine gesunde Spiritualität, die den Verstand und das Denken nicht leugnet, die Herz und Vernunft zusammendenken kann, sie wertschätzt und veredelt und damit dem Menschen hilft, er selbst zu werden, das Geheimnis des Daseins zu ergründen, zu erfahren, dass der Mensch das „Liebesziel Gottes" ist und damit seine Wirklichkeit in besonderer Weise erfüllt? Das spirituelle Leben, das fromme Gottsuchen ist stets eine Bewegung und ein Tun, das sich nicht im blinden Aktionismus ausdrückt, sondern empfängt und glaubt, dass Gott liebend unterwegs zum Menschen ist[2].

Wie kann der Mensch heute zum ruhigen Denken, ja zum Beten finden, um ein geistig-geistliches Leben zu verwirklichen, um offen zu sein für das Wort und das unergründliche Geheimnis des Daseins, das nicht allein aus ihm selbst zu finden ist, sondern durch den Akt der Selbstannahme aus einer transzendenten, ihn behütenden Macht erfolgt? „Ich kann nicht erklären, wie ich-selbst bin; ich kann nicht verstehen, warum ich so oder so sein muss; [...] ich kann mich selbst nicht erklären [...] Ich kann es nur von etwas Höherem her – und damit sind wir beim Glauben. Glauben heißt hier, dass ich meine Endlichkeit aus der höchsten Instanz, aus dem Willen Gottes heraus verstehe."[3]

Diese Einsicht rührt nicht aus einer Angst heraus, sondern aus der Glaubenszuversicht und stellt die Möglichkeit ausgeglichenen Lebens bei aller Fragwürdigkeit dar. Glück, Sinn und Erlösung können nicht gemacht oder hergestellt, sie können nicht durch das Selbst bewirkt werden, sondern sind angewiesen auf das Gegeben-Sein und auf den Geber selbst. So stellt sich die Offenbarung, das Wort, auf das wieder zu hören gelernt werden sollte, nicht als abstrakte Lehre, die Tradition nicht als eingebolztes oder rückwärts gewandtes Depositum dar, sondern als lebendiges Geschehen von Bewegtheit und ständiger Bewegung.

---

[2] Vgl. Romano Guardini, Wille und Wahrheit. Geistliche Übungen, Mainz 1933, 146.

[3] Romano Guardini, Die Annahme seiner selbst, Würzburg 1960, 16.

2. Gültige Mystagogen: Rahner und Guardini

Wir suchen nach Helfern, nach gültigen Mystagogen und finden sie in diesem reichen Lebensstrom der Tradition unserer Kirche, die aufgedeckt, gelesen und gehört werden sollte. Eine der besten Hilfen bietet immer wieder Karl Rahner, der kurz nach dem Zweiten Weltkrieg mit „Von der Not und dem Segen des Gebetes" ein Büchlein herausbrachte, das heute noch die Herzen öffnet, das aus den Fastenpredigten in St. Michael, München, 1946 hervorging, das, wie Rahner selbst im Vorwort sagt, die Spuren des Ursprungs noch zeitigt: „... ohne, dass die Absicht bestand, diese Herkunft zu verbergen". Er spricht vom Gebet in seiner eigenen eindringlichen, die Existenz berührenden Sprache, die auch heute noch erschüttert und zum Geheimnis hinführt. Er spricht über die Öffnung des Herzens, über den Helfer-Geist, über die Liebe, über das Alltagsgebet, die Not des Gebets, über Weihegebete, über Schuld und über die Gebete der Entscheidung[4]. Rahner schrieb in die Not der Zeit hinein, nach Hungerjahren in München, und machte – so Andreas Batlogg – damit einen anderen Hunger zum Thema: „Hunger nach Orientierung und nach Werten, die zuvor mit Füßen getreten worden waren." [5]

Die nicht weniger erschütternden „Worte ins Schweigen", erste selbstständige Buchveröffentlichung Rahners, erschien bereits 1938 und wurde zu einem der größten Erfolge Rahners. Dass dieses Genre nicht zu unterschätzen ist, betonen besonders Albert Raffelt und Hansjürgen Verweyen, die darauf hinweisen, dass in zehn Meditationen der „Worte ins Schweigen" ein Stück „Theologie" eingeborgen ist. Dieser Text „entspringt einer tiefen Gotteserfahrung, gegen die philosophische Einwände nicht mehr aufzukommen vermögen" (vgl. SW 7, XXI)[6].

Der Hinweis auf die etwa zeitgleich zu Romano Guardini erschienenen Gebetstexte Rahners scheint mir wichtig, selbst wenn Rahner sehr viel

---

[4] Karl Rahner, Von der Not und dem Segen des Gebets, Mainz 1949, Innsbruck 1949. Vgl. Karl Rahner, SW 9. Aufl., München 1977, 39–116. Ebenso hierzu den von Andreas R. Batlogg herausgegebenen Editionsbericht SW, Bd. 7: Der betende Christ, Freiburg 2013, XXII–XXV.

[5] SW, Bd. 7, XXIII.

[6] Zur Charakterisierung dieser wichtigen Gebetsanregungen sollte man auch das von Hans Urs von Balthasar klarsichtig gegebene Urteil noch einmal festhalten: „Neben den eben genannten Vorträgen müsste zum vollen Verständnis von „Geist in Welt" auch das Bändchen von literarisch stilisierten Gebeten „Worte ins Schweigen" berücksichtigt werden, welche die Grunderkenntnisse der theoretischen Werke auf der Ebene der religiösen Erfahrung wiederholen: Das Stehen des Menschen zwischen Gott und Welt, vor der Leere und Verschlossenheit des Unendlichen, das sich erst im menschgewordenen Gott erschließt, und innerhalb des christlichen Raums die strenge Zuordnung von Leben in Welt und Alltag ... und mystischer Zuwendung zum überweltlichen Gott."

stärker von der existenziellen Not des Menschen ausgeht als Guardini, der – und dies zeigt den Reichtum dieser Zeit in größter Not – sehr viel „überzeitlicher“ „das Verhältnis zwischen Gott und Mensch“ zum Ausdruck bringt, auch wenn er mitten im Vernichtungskrieg 1943 die erste Auflage seiner „Vorschule des Betens“ bei Benziger in Zürich erscheinen lässt[7]. In seiner „Vorschule“ möchte Guardini die „einfachen Dinge“ bewusst machen, die das Gebet vorbereiten und helfen mögen, es überhaupt in Sinn und Form wieder als Erlebnis erfahrbar werden zu lassen. Dieses Buch beschreibt einen Raum, der *vor* jeder Gebets- und Gotteserfahrung liegen soll. Guardini weiß darum, dass das echte Gebet sich nicht befehlen lässt, sondern, dass das „Erlebnis des Schicksals sich wie eine dunkle Wand vor Gott stellen“ kann (vgl. Vorschule, 13).[8] „Das Gefühl der heiligen Nähe kann so vollkommen verschwinden, daß dem Menschen ist, als habe er sie nie empfunden. Die Freude kann machen, daß er überhaupt nicht an Gott denkt, und die Not kann ihm das Innere ganz verschließen. Worte, wie das, wonach ‚Not beten lehrt‘, sind nur halb wahr; ebenso wahr ist, daß man in der Not das Gebet verlernt“ (Vorschule, 14). Offenbar wehrt sich Guardini gegen das reine „Not-Beten“ deshalb, weil es auch im Alltag den ganz ritualisierten und selbstverständlichen Zugang zu Gott verschließen kann.

Doch wie lernen wir heute wieder beten?

Das Anliegen unseres Beitrags bleibt bescheiden; wir nehmen uns Guardini zum gültigen Vorbild. Wenn wir vom Geist der „Vorschule des Betens“ bei Guardini ausgehen, wenden wir uns danach den „Theologischen Gebeten“ zu, deren Vorwort aus dem Kriegsjahr 1944 stammt und die erstmals bei Knecht, der Carolus-Druckerei, Frankfurt 1948, erschienen[9]. Wir behaupten, dass dieses Büchlein an Gültigkeit bis heute nichts verloren hat, auch, da die „Theologischen Gebete“ keinen direkten Zeitbezug aufnehmen, sondern überzeitlich das Gott-Mensch-Verhältnis in einer besonderen Tiefe aussprechen. Dennoch hatten die Gebete einen realen Sitz im Leben des Pädagogen und Mystagogen Romano Guardini. Sie sind – so die wichtige Vorbemerkung – in der Kirche gebetet worden und dies am Schluss religiöser Abendvorträge, „in denen eine sorgfältige theologische Arbeit zu leisten war“ (G, Vorbemerkung). Sie bildeten nicht einfachhin „nur einen lose angefügten geistlichen Ausklang“, „sondern Vortragender und Zuhörer sollten sich in ihnen aus den Einsichten“ des Gehörten im theologischen Vortrag direkt „betend an Gott wenden“ (G, Vorbemerkung).

---

[7] 2. Auflage, Mainz 1948.

[8] Wir zitieren nach der 2. Auflage des Matthias Grünewald Verlags, Mainz 1948 (= Vorschule).

[9] Wir zitieren die Theologischen Gebete nach der Erstausgabe des Knecht-Verlags, Frankfurt 1948 (= G).

Guardini vertritt bereits in der Vorbemerkung ein Selbst- und Bildungsverständnis, dass aus dem theoretisch Gehörten und Vertieften direkt die Praxis lebendigen Christseins zu erfolgen hat. Der Referent wird mit den Hörern eins im Gebet. Hörer und Mystagoge bilden eine Gebetsgemeinschaft vor Gott; das theoretisch im Vortrag Gehörte bleibt nicht in der Abstraktion, sondern wird im Gebet praktisch und lebendig und damit in den weiten Begegnungsraum zwischen Gott und Mensch hingeführt. Guardini führt die Gebete über den besonderen Anlass hinaus in eine Gültigkeit hinein, die bleibt und einen Lernprozess im Gebet freisetzt, um darauf aufmerksam zu machen, „daß nicht nur das Herz, sondern der Geist beten soll" (G, Vorbemerkung). „Die Erkenntnis selbst soll in Gebet übergehen, indem die Wahrheit zur Liebe wird" (G, Vorbemerkung). Bemerkenswert, dass er in der kurzen Vorbemerkung eine Fülle theologischer Grundgedanken äußert, die sein gesamtes Denken durchwirken.

Klingt es wie eine Tautologie, wenn Guardini fordert, dass der Geist spirituell werden soll, dass der betende Geist sich von Gott abhängig wissen sollte, dass die autonome Vernunft, die wir in der Alltagsorientierung brauchen, die vorgängige Erkenntnis akzeptiert, dass nur das Gebet selbst, also der Anruf auf einen Ruf Wahres und Lebendiges zeigt, dass das Gebet nicht Selbstzweck, sondern Dialog mit Gott ist?

Guardini kommt fraglos aus der Tradition augustinisch-franziskanischen Denkens heraus, welches das Apriori des Glaubens, des Liebens vor alle Erkenntnis setzt, das gleich den „Pensées" Pascals eine reiche „Theologia Cordis" entfaltet, in der das Herz und der Geist aufeinander verwiesen und schließlich eins sind, in der die „Heiligkeit der Vernunft" (Blondel) die Praxis des Gebets voraussetzt[10]. Erkenntnis wird also selbst zum Gebet, wenn in ihr das Wahre liebend wird. Die Apriorität des Glaubens erst führt zu einer liebenden Erkenntnis. Diese Gedanken werden umso erstaunlicher erfahren, wenn man bedenkt, dass Guardini sie zu einer Zeit schreibt, in der Europa schon in realen geistig-geistlichen Trümmern lag, aus denen heraus Guardini eine „Vorschule des Gebets" für notwendig hielt. Umso kostbarer wird dann auch das spätere kleine Büchlein der „Theologischen Gebete" und die aus ihr erwachsene Notwendigkeit des Bittvollzugs heute: Guardini orientiert sich ganz und gar an der Person Jesu Christi, des *Herrn,* wenn er schreibt: „Die Person des Herrn ist ganz in Gebet getaucht" (Vorschule, 7). „Beten ist innere Notwendigkeit, Gnade und Erfüllung – Beten ist aber auch Pflicht, Mühe und Überwindung. So gibt es das Erlebnis, aber auch die Übung des Gebetes; seine Quelle, aber auch seiner Schule" (Vorschule,

[10] Auch aus diesem Grund werfen wir einen Blick auf die den Gebeten zugrunde liegenden Untersuchungen zu Augustinus und Pascal.

Vorwort, 7). Grund und Ziel allen Betens ist, dass Christus in uns die Hoffnung und Herrlichkeit (Kol 1,26.27) ausmacht, wenn eingesehen wird, dass das Geheimnis des Daseins sich im Auf-uns-Zukommen Gottes verbirgt, die Einsicht, dass der Mensch die Antwort auf sein Wesen findet, indem er im Gebet zur Einsicht gelangt, dass er das „Liebesziel Gottes" ist[11], dass er einsieht, dass Christus in mir ist, ich in Christus bin, und dass sich hier die lebendigste Weltwirklichkeit offenbart und eigentliche Freiheit ermöglichen hilft. Denn dies ist zentraler Inhalt des Glaubens:

„Mein Christ-sein ist ein Geheimnis, das ich selbst nur im Glauben auffassen kann. Glauben ist Beginn. Tat, die neues Dasein anfängt, und Bewußtsein vom Anfang dieses Daseins zugleich. In dem Maße aber der Glaube wächst und reift, gewinnt er Erfahrung und wird sehend" (Wille und Wahrheit, 152).

3. Zum Inhalt der „Theologischen Gebete" allgemein

Ein flüchtiger Blick auf das Inhaltsverzeichnis des kleinen, knapp 53 Seiten umfassenden kostbaren Büchleins mit dem schlichten Titel: „Theologische Gebete" zeigt, wie geschickt Guardini – von der religiösen Erfahrung und dem Glaubensleben des Menschen seiner Zeit ausgehend – die Heilsgeheimnisse durchdekliniert: Schöpfung, Kreatürlichkeit und Gnadenhaftigkeit, Gott und Mensch – und dabei das Verhältnis Gottes zum Menschen – stets vertikal gedacht und doch in enger Partnerschaft lebend – Schuld und Sünde gegenüber Gottes Heiligkeit und Größe, die Erkenntnis Christi durch den Menschen, das Verhältnis zwischen Vater und Sohn, und dann ganz im Mittelpunkt des Heilsgeschehens die Erlösung, deutlich hervorgehoben durch gleich drei Gebete in drei Schritten, dann erst der Mensch Jesus und sein demütiges Wesen. Es folgen Überlegungen zum Heiligen Geist und sein Kommen, dann das Gebet aufgerichtet zum Dreieinigen Gott, beginnend in Jesus Christus, aus dem erkennbar Vater und Sohn sich im Schöpferischen des Geistes vereinen. Es folgt das Gebet zur „Vorsehung Gottes" und zur Freiheit des Menschen, dann am Ende eine Reflexion zur Einsicht und Bereitschaft zum „Gebet" sowie dessen Dienstcharakter im Blick auf das Eschaton: Gericht und die gute Ewigkeit.

Im Unterschied zu Rahners Büchlein von der „Not und dem Segen des Gebets" und dessen 1947 erstmals erschienenen „Worte ins Schweigen", welche einen transzendental-anthropologischen Ansatz wählen, die heils-

[11] Romano Guardini, Wille und Wahrheit. Geistliche Übungen, Mainz 1933, 147 (= Wille und Wahrheit, 147).

geschichtlichen Geheimnisse nicht auf den ersten Blick erkennbar als solche durchdeklinieren, fasst Guardini direkt seine „Theologischen Gebete“ allesamt äußerst knapp, vertikal denkend auf die Heilsereignisse bezogen, im kleinen Format, maximal eine anderthalbe Seite umfassend, wobei sich die Überschrift oftmals erst beim zweiten Lesen in ihrer Bedeutungsfülle erschließt (vgl. etwa das Gebet „Leben aus dem Glauben“).

Guardini führt einen intimen Dialog mit Gott. Er ist es, der zuallererst das Wort der Offenbarung zum Beter spricht und ihn anruft. Das Beten bleibt dialogisch, die Gebete sagen etwas über die Partnerschaft „zwischen Gott und Mensch“ aus. Philosophisch liegt der dialogische Ansatz Martin Bubers zugrunde; gleichursprünglich dachte Guardini wie Martin Buber, Franz Rosenzweig und Ernst Michel im Kreis der Rhein-Mainischen Volkszeitung dialogisch: „Gott hat aber den Menschen nicht in der Weise erschaffen, wie Er es mit den Himmelskörpern getan hat, nämlich als Objekt; sondern so, daß Er ihn zu seinem Du gesetzt und ihn angerufen hat.“[12] Guardini denkt stets in der Logik der Heilsgeschichte, gerade auch in den geistlichen Übungen[13]: Schöpfung, Sünde, Menschwerdung und Erlösung, deshalb Glaube und Umkehr des Menschen und der Weg zur Vollendung und damit die Bestätigung seiner Bestimmung. Jedes einzelne Gebet der „Theologischen Gebete“ eröffnet explikativ die Selbstoffenbarung Gottes und komplikativ den Kosmos der Heilsgeheimnisse, wobei – ähnlich wie bei Rahner – die Gebete ein Kondensat seiner Theologie darstellen. Anhand der „Theologischen Gebete“ lässt sich nicht nur Leben, sondern auch Theologie lernen. Hier verdichten sich die Einzelmotive seines Denkens in unüberbietbarer Weise; die Gebete sind angereichert durch Kurzzitate aus der Schrift und aus der Liturgie (G, 28: „Er ist ‚das Licht der Welt‘, aber auch ‚das Zeichen, dem widersprochen wird‘“. G, 30: „‚Niemand, Vater, hat Dich je gesehen; nur der einzigeingeborene Sohn, der an Deinem Herzen war, hat uns Kunde gebracht.‘ Er war Deine lebendige Offenbarung und ‚wer ihn sah, sah Dich.‘“).

4. Inhalt und Aufbau der Gebete

Sucht man den inneren Aufbau und den Inhalt der Gebete näherhin zu charakterisieren, so bietet sich dies am Beispiel der Erlösung an. Guardini

[12] So z. B. im späteren Werk Romano Guardinis, Die Annahme seiner selbst, Würzburg 1960, 22. Vgl. Peter Reifenberg, Situationsethik aus dem Glauben. Leben und Denken Ernst Michels (1889–1964), St. Ottilien 1992, 238 ff. (= Situationsethik aus dem Glauben).

[13] Vgl. Romano Guardini, Wille und Wahrheit. Geistliche Übungen, Mainz 1933, bes. 148.

gebraucht unprosaisch und recht sachlich die Überschrift: „Das Verständnis der Erlösung I–III". Der Aufbau ist im Grunde bei den Gebeten immer der gleiche.

4.1 Das Exempel: Die Erlösung

Zum Verständnis der Erlösung I

Zunächst birgt sich im Gebetsanruf die zu entwickelnde theologische These ein, die hernach im Textkorpus einer sorgfältigen und wohlausgewogenen theologischen Entfaltung unterzogen wird. Im ersten Erlösungsgebet wird Gott angesprochen mit *„Herr"*, der durch seinen Sohn die Botschaft der Erlösung verkündet[14]. Guardini denkt stets im Schema von Chalcedon. Er lehnt mit der Explikation eine Überbetonung der eigenen, subjektiven persönlichen Erfahrung, auch der subjektiven Lebensnöte ab und überlässt ganz entsprechend seines theologischen Denkens die Aktion der Erlösung Gottes freiem und heiligem Ratschluss selbst. Gegenüber dem Neuanfang des Heiligungsprozesses jedes Christen muss das menschliche Herz auf Gottes liebend-erlösenden Neuanfang demütig warten. Der erste Schritt ist immer der liebende Schritt Gottes, dem entgegengegangen werden muss. Denn, was Erlösung heißt, liegt nicht im Benehmen des Menschen. In der Erlösung verbirgt sich das Angesicht Gottes, der Mensch wartet und harrt im Glauben, dass ihm die Augen aufgehen mögen und er Gott in seinem Handeln und Wesen verstehen lernt. Subjektivismen und eine reine Existenzialpragmatik sind nicht Sache Guardinis. Jeder Versuch einer Selbsterlösung wird im Vorfeld abgelehnt. Zunächst heißt es: Gott allein handelt, weil der Mensch Gottes Wahrheit nicht durch sich selbst erreichen kann. Auch nicht der Weg einer blinden Hingabe an das Geheimnis führt zu Gottes Angesicht, sondern die Akzeptanz und das Eintreten in einen nach der Schöpfung sich ereignenden zweiten Neuanfang durch den persönlichen Glauben.

Das Ergebnis der Überlegungen erweist sich positiv, indem der Christ diesen erlösenden Neuanfang in Christus in seinem Glauben einschließt. In der Person des Sohnes, vermittelt durch die Offenbarung, zeigt sich der verborgene Gott selbst. Das Erlösungswerk Gottes offenbart sich in Jesus Christus und erregt zugleich Ärgernis wie Widerspruch bei denen, die die

[14] Ganz deutlich ist die Bezugnahme auf das vielleicht wichtigste Buch Guardinis „Der Herr. Betrachtungen über die Person und das Leben Jesu Christi", das bereits 1937 in Würzburg (Werkbund) erschien. Vgl. den Beitrag von Jean Greisch in diesem Buch.

Botschaft nicht annehmen, reicht doch das Erlösungswerk selbst über jede menschliche Sinngebung hinaus. Gott und Jesus Christus sind eins, stets auch in der Darstellung Guardinis. Gott in Jesus Christus hat das Schicksal der Menschheit in sein *Herz* eingeschlossen. Das erste Erlösungsgebet schließt mit der zusammenfassenden Bitte, Gott möge den Menschen sein Angesicht zeigen, um dadurch seine Liebe verstehen zu lernen, und damit wird das ganze Gebet noch einmal in seiner Hauptthese zusammengefasst.

Zum Verständnis der Erlösung II

Das zweite Gebet im „Verständnis der Erlösung" gestaltet sich wesentlich kürzer. Der Eingangslobpreis entfaltet auch hier die These in Form einer thetischen Gebetsbitte, die Liebe Gottes ahnend verstehen zu lernen. Hernach wird erläutert, dass sich Bilder und Metaphern der Offenbarung als Wegweiser und Wegbereiter zum Geheimnis begrenzt eignen. Denn das Ziel der Erlösung ist es, die Welt in die Wahrheit Gottes „zurückzuwenden". Es wird in gleichem Atemzug auf die Gefahr dieser Bilder hingewiesen, die auch den Menschen zu „Irrgestalten" werden können, so dass sich „unser Herz in ihren Netzen und Fallen verfangen" kann. Deshalb die Gebetsbitte nach Klarheit in der Erkenntnis des Sinns der Offenbarung, und diese Klarheit wird selbst Teil der Erlösung. Erlösung ist nicht niederschwellig als bloße Befreiung zu verstehen. Zum Schluss erfolgt die häufig in den Gebeten geäußerte Bitte um die Belehrung durch Gott, die heilige, nach Erlösung verlangende Ungenügsamkeit des Menschen zu akzeptieren, da das Erlösungsgeschehen jedes menschliche Vermögen und jede menschliche Sinngebung übersteigt.

Das Verständnis der Erlösung III

Die Explikation des Thesenkorpus erstreckt sich im dritten Gebet „Zum Verständnis der Erlösung" über den ersten Absatz hin: Jetzt wird Jesus Christus im vertrauten Du direkt angesprochen. Er hat das Erlösungswerk des Vaters gehorsam auf sich genommen und damit die Umsetzung der Liebe des Vaters in die menschliche Wirklichkeit hinein verwirklicht. Das Heilswerk wird in Du-Sätzen entfaltet. Christus selbst ist der personifizierte Neuanfang, denn er hat den Menschen in sein Herz ganz aufgenommen. Auch an dieser Stelle entfaltet Guardini sein Verständnis der Herz-Jesu-Frömmigkeit und eine gute Kultur der Innerlichkeit.

Jetzt erfolgt die Reaktion des betenden Ich: Ohne Gottes Dazwischenkunft und ohne Erleuchtung bleibt alles Erwägen erfolglos. Deshalb erfolgt die Gebetsbitte um Zuwendung und um die Möglichkeit, Gottes Wesen zu erkennen. Das eigene Herz will das Heilige fühlen lernen und damit Gottes Antlitz sehen. Es folgt das Bekenntnis aus dem Johannesevangelium: „Du bist der Weg, die Wahrheit und das Leben“ (Joh 14,6), und damit wird Christus als der Neuanfang der neuen Schöpfung bekannt.

Das Gebet schließt mit der Bitte um Akzeptanz im Bewusstsein der Glaubensnot und der Kontingenz des Menschen, der dieses Gnadengeschenk nicht in seiner Sinnfülle annimmt. Deshalb wird stets um die Möglichkeit des Vollzugs der Umkehr im Alltag gebetet.

4.2 Die theologischen Hauptmotive

Die theologischen Motive Guardinis werden bereits in diesem Dreischritt zum Verständnis der Erlösung offenbar: Gott ist die Wahrheit, aus der wir leben (G, 17.18). Der Mensch hat sich in die Wahrheitssuche, die eine Gnade darstellt, in seinem Alltag einzufinden (G, 16). Deshalb ist auch unser Herz unruhig, bis es in Gottes Wahrheit Ruhe findet (G, 18). Gottes Macht ist Wahrheit (G, 26).

Das gesamte Büchlein ist durchdrungen von den Hauptmotiven des theologischen Denkens Guardinis, das sich hauptsächlich aus dem Denken Augustins, Bonaventuras und Pascals speist: Dabei spielt die Wahrheit Gottes und des Menschen Sehnsucht nach der Wahrheit (G, 26), Gottes Antlitz zu sehen und damit Gott zu erkennen, eine entscheidende Rolle. Gottes Geheimnis hütet seine Wahrheit (G, 42), und in Christus ist diese Wahrheit, die ohne Liebe tot wäre (G, 40), eingeborgen (G, 30.33). Mit Christus ist die Wahrheit Gottes in die Offenheit getreten (G, 33) und das Angesicht Gottes sichtbar geworden (G, 33.50). Mit Christus ist der Neuanfang der zweiten Schöpfung Wirklichkeit geworden (G, 29.32), das Geheimnis Gottes in Christus sichtbar. Denn in Christus hat Gott sein Du offenbart (G, 41). Der Geist der Wahrheit Gottes, der sich im Pfingstfest manifestiert, führt den Menschen auf den Weg zum Heil (G, 39), durch das Dunkel des Alltags und die Verworrenheit der Zeiten (G, 39). Der Heilige Geist ist der Geist Jesu Christi, der die Wahrheit Gottes selbstlos und schöpferisch dem Menschen offenbart (G, 41). Dies in der Glaubenstreue anzunehmen, ist die Aufgabe des Menschen, der ohne diese Wahrheit nicht existieren kann (G, 40).

Gottes Wahrheitswille hat den Menschen in die Freiheit gerufen (G, 43) und damit die Handlungsverantwortung dem Menschen übertragen (G, 10.14.18). Dieses Schöpfungsgeschenk vermittelt die höhere göttliche Freiheit (G, 45). In dieser ist die Freiheit der Kinder Gottes begründet, die der Geist Gottes (G, 41) ausströmt. Darum bittet der Betende immerfort, dass der Herr der Wahrheit ihn in die Liebe führen möge (G, 40.41.47). Guardini ringt selbst mit der Schöpfungsgabe der Freiheit, die den Menschen von dem Naturgesetzlichen entbindet. Das selbstbestimmte freiheitliche Handeln sei ein Geheimnis des inneren Anfangs. Die Freiheit findet nicht im Sinne Kants als Ausdruck der Autonomie des Menschen statt, denn Autonomie ist keine Vokabel Guardinis.[15] Alles ist von Gott, durch ihn, und kehrt wieder in seinen Bestimmungsbereich zurück. In seinem Tun gehört der Mensch sich selbst, wie Guardini im Gebet die Freiheit angibt (G, 51, vgl. das Gebet „Die Freiheit"). Der Mensch steht hier doch zugleich in der Gefahr, anstatt Gott demütig zu dienen, worin der eigentliche Wert der Freiheit hinzielt, sich durch die Sünde gegen Gott „zu empören" und damit in die Knechtschaft zu geraten. Selbst dann lässt der Mensch sein Geschöpf nicht allein, sondern führt ihn durch die Erlösung seines Sohnes in die höhere Freiheit der Kinder Gottes. Immer wieder zeigt Guardini die Grenzen der Freiheit und die Armseligkeit des Menschen gegenüber der unbegrenzten Barmherzigkeit Gottes auf. Die autonom verstandene Freiheit setzt den Menschen frei, hält ihn bindungslos Gott gegenüber und führt somit ins Nichts.

Aus der Innigkeit der Liebe Gottes entsteht das Sprechen im Ernst der Wahrheit, um die es im Lernprozess zwischen Gott und dem Menschen geht. Es ist immer wieder die Bitte an Gott, den Lehrer, die der lernende Mensch im Gebet ausspricht („lehre mich …"). Gottes Geist ist Heiland und Lehrer. Das Geheimnis Gottes zu erschauen, übersteigt jede Sinnfülle des Lebens (G, 41), denn der letzte Sinn des Daseins birgt sich in der Begegnung mit dem Antlitz Gottes: Gottes Sein ist sein heiliger Sinn (G, 26.28). Ihn zu erkennen, ist auch Ziel in der Todesstunde eines jeden Menschen (G, 17). Die ganze Schöpfung ist vom Geheimnis Gottes erfüllt, was der Mensch nur dann erfährt, wenn Gott das Herz des Menschen diesem Geheimnis gegenüber öffnet, ihn vor Verwirrungen und Verführungen behütet, sein Gewissen sicher werden lässt, um das Gute zu erkennen und den Geist des Menschen erleuchtet, auf dass er im Geist der Unterscheidung handeln kann (G, 7).

4.3 Das Gebet „Jesu Demut"

Eine beeindruckende Kurzexegese und Rezitation des Philipperhymnus (Phil 2,5–11) entfaltet das Gebet „Jesu Demut". Guardini bestätigt noch

[15] Vgl. das gesamte Pascal-Buch, z. B. auch P, 135. Im Pascal-Buch wird auch auf die negativen Folgen der Freiheit hingewiesen. „In der Freiheit … kommen Motive verschiedenster Art zur Geltung. Neben den guten auch schlimme: Feigheit, Trägheit, Auflehnung, Selbstsucht in all ihren Formen" (P, 135).

einmal das Werk der Erlösung, indem er bekennt, dass nun Christus den Betenden in seine Erlösung aufgenommen hat. Mit sehr eindrücklichen Worten, mit kleinsten Kommentaren beschreibt er den Philipperhymnus. Jesu Abstieg kennzeichnet seine Demut, indem Jesus dem Menschen auch in die Gottesferne nachgegangen ist. Das Erlösungswerk des Ab- und Aufstiegs wird zum Bekenntnis und der Inkorporation des Betenden in das Heilsgeschehen glaubend bekannt. Zugleich bittet der Beter darum, dieses Heilsgeschehen immer zu erkennen und nicht in der Sünde und dem „Trug des Hochmuts" zu verfallen. Wiederum die Bitte darum, dass Gott den Betenden lehrt und ihn lernt, gerechte Selbsterkenntnis zu verbinden mit der Erkenntnis Gottes selbst. Dann wieder – ganzheitlich sinnesgewandt – die Bitte um Berührung des Herzens, „daß es empfinde, was Du getan hast" (G, 37).

Das Gebet „Jesu Demut" findet einen hinreißenden Bezugstext im 1937 erschienenen Hauptwerk Guardinis, „Der Herr. Betrachtungen über die Person und das Leben Jesu Christi". Und zwar befindet sich im fünften Teil des Buchs, überschrieben mit „Die letzten Tage", der kleine Text „Gottes Demut" (Herr, 435–444). Guardini legt unter den zentralen Kategorien Liebe und Demut unausgesprochen den Philipperhymnus aus, bis er gegen Ende des kleinen Textes (vgl. Herr, 442) Paulus selbst zu Wort kommen lässt und das Geheimnis von Gottes Demut biblisch grundiert. Beachtenswert ist, dass er in den Gebeten von Jesu Demut spricht, der Bezugstext allerdings mit Gottes Demut ganz klar die Richtung der Gestalt des Jesus von Nazareth auf die Gottessohnschaft hinlenkt. Auch wenn er mit dem Schicksal Jesu und der Frage auftaktet, wie denn dieses Leben überhaupt gehen konnte (vgl. Herr, 435). Für ihn stellt sich die Frage, wie das Jesusbild mit dem göttlichen Christus-Bild zu denken ist. Ganz klar bekennt er als Glaubender: „Wer Gott ist, vernimmt und schaut der Glaubende aus Jesu Wort und Wesen" (Herr, 438), und belegt die Aussage mit Joh 14,9. Das Geheimnis der Inkarnation besteht in der Bindung Gottes an das Menschendasein Jesu (Herr, 439). „Von nun an und in Ewigkeit bleibt Gott der Mensch gewordene Gott" (ebd.), die absolut unerhörte und die größte Zumutung des christlichen Glaubens. Die Frage, „Wie muß Gott sein, damit er sich in ein solches Dasein geben könne?" (Herr, 439), wird beantwortet mit dem schlichten Satz: „Er muß ein Liebender sein" (ebd.). All das geht über die Vernunft des Menschen hinaus und berührt die Sinnebene des Glaubens. Gottes Liebe ist zugleich Wahrheit, die sich in der Existenz Jesu um der Menschen willen verwirklicht. Aber, so formuliert Guardini: „In Gott muß etwas sein, das mit dem Wort „Liebe" noch nicht benannt ist. Mir scheint, man muß sagen, Gott sei demütig" (Herr, 440). Nun erfolgt eine Exegese des Wortes Demut, die den Skopos im Satz findet: „Demut ist erst, daß der Große sich vor dem Kleinen in Ehrfurcht beugt" (Herr, 441), nicht um sich im Erniedrigen zu verlieren, sondern „die Kostbarkeit des Kleinen" achtend, offenbart sich gerade im Demütigen ein tiefes Geheimnis, das sich besonders in der Gestalt des Franziskus und in dessen Niederknien vor dem Thron des Papstes enträtselt. In Franziskus findet Guardini die glaubwürdigste Bestätigung seiner These, übrigens eine Verhaltensweise, die gerade den derzeitigen Papst am besten charakterisiert, nämlich sich demütig vor den Armen zu verneigen. In diesem Sinne interpretiert Guardini auch Lk 10,21. Gott nimmt die menschliche Nichtigkeit an, indem diese ihm „kostbar und hoheitsvoll" ist (Herr, 441). Als wesentlicher Wesenszug Gottes wird neben der Liebe die Demut erhoben. „Gott selbst muß demütig sein. In ihm, dem Ewigen, Allherrlichen, Allgewaltigen muß die Bereitschaft sein, sich in jenes Kleine, ja mehr als Kleine, Nichtige, das vor ihm die Schöpfung ist, hinabzuwerfen. In ihm muß etwas sein, das ihn willens macht, sich in das Dasein eines unbekannten Menschen aus dem Dörfchen Nazareth hineinzugeben" (Herr, 442). An dieser Stelle trifft der Philipperhymnus des Paulus im Abstieg und in der Wiederaufnahme Gottes durch Jesus Christus. „Das ist Gottes Demut. Seine Bewegung in das, was Nichts ist vor ihm; nur möglich, weil er der All-Große ist" (Herr, 442). Die Umwertung aller Werte – wir hören den Kontrapunkt zu Nietzsche im Hintergrund – geschieht im Bekenntnis: „Gott ist der Demütig-Liebende" (Herr, 443). „Christliche Demut aber ist der Mitvollzug dieser Gesinnung Gottes" (Herr, 443). Auf dem Hintergrund dieses faszinierenden Textes sollte man das Gebet „Jesu Demut" im Glauben und vom Innern heraus sprechen.

5. „Theologia Cordis"

Ganz im Mittelpunkt der theologischen Motive stellt sich das Motiv des Herzens in Guardinis Theologischen Gebeten dar. Im Realsymbol des Herzens berührt sich das Werk Guardinis mit dem Karl Rahners. Der mit der Symbolisierung gegebene Hang zur Innerlichkeit und zur kontemplativen Grundstruktur – gerade in den kleinen Schriften zum Gebet – darf nicht mit einer sentimentalen Introvertiertheit oder mit einem übertriebenen Hang zum Subjektiven verwechselt werden. Das Symbol des Herzens stellt eine Form existenzieller Ergriffenheit, ja existenzieller Pragmatik dar, die eine reine Ausdruckshandlung zur Geltung bringt. Dabei spielt besonders Guardini mit dem Realsymbol des Herzens auf allen theologischen Ebenen, das heißt, das Herz Gottes „fließt in das Herz Jesu ein", das wiederum durch den Glauben im Herzen des Beters Raum findet. Diese Bewegung findet sich im gesamten Gebetsbüchlein. Das selbstsüchtige, blinde und törichte Herz des Menschen soll dabei überwunden werden, hinein in die Macht des Herzens

Gottes, d.h. das Menschenherz soll in das Leben Gottes integriert werden (G, 40).

5.1 Das Realsymbol des Herzens in der christlichen Theologie allgemein

Das Herz ist ideengeschichtlich gesehen stets wesentlicher Bezugspunkt zur Selbstidentifikation und steht somit für den zentralen Mittelpunkt der Person. Dabei ist es Sitz des Lebensgeheimnisses Gottes und der Schöpfungswirklichkeit[16]. Gerade in den biblischen Schriften kommt dem Realsymbol des Herzens eine zentrale Rolle als anthropologischer Kernbegriff zur Kennzeichnung seelisch-geistiger Einheit zu, „weil starke Affekte auch physisch im Herzen empfunden werden, gibt es kaum einen Vorgang, der nicht mit dem Herzen in Verbindung steht“[17]. Das Herz ist nicht nur Sitz des Gefühls (1 Sam 1,8; Joh 14,1), sondern in ihm kristallisiert sich auch alles Verlangen und Begehren des Menschen (Ps 21,3; Röm 10,1). Das Herz charakterisiert sowohl Urteilsvermögen des Menschen und ist damit zentraler Ort menschlicher Entscheidungen (Spr 16,23; 1 Kor 7,37), als auch Ursprung der menschlichen Tat (Apg 8,21; Tim 1,5). Es ist damit der Ausdruck der Ganzheitlichkeit des Menschen. Die hohe Symbolkraft des Herzens als personaler Mitte einer leib-seelischen Einheit bündelt alles menschliche Vermögen und alle geistigen Kräfte. Das Herz ist auch zentrales Motiv der biblischen Paränese: Durch das Herz erfolgt der Aufruf, Gott grenzenlos zu lieben (Dtn 6,5; Lk 10,27), das verhärtete und verstockte Herz soll sich wieder auf das Wort Gottes hin bewegen und dieses gehorsam aufnehmen (vgl. Ex 4,21; Jer 5,23; Mk 6,52).

Das Herz Gottes, von dem die Bibel spricht, erwählt den Menschen und führt ihn zur rechten Entscheidung (vgl. Apg 13,22; Jer 3,15). Im Neuen Testament ist das Herz Jesu das sprechendste Realsymbol der Liebe, das einen Menschen im Herzen berühren kann.[18]

Das Herz gilt als der Ort der höchsten Konzentration menschlicher Innerlichkeit und zugleich als intuitiver Einigungspunkt von göttlicher und menschlicher Liebe, d.h. als gott-menschliche Mitte. Es ist, so Leo Scheffczyk, „wirklichkeitserfülltes Symbol für die unsichtbaren Bewegungen der

[16] Vgl. insgesamt hierzu den Art. Herz im LThK^3, Bd. 5, Freiburg 1996 (2006), Sp. 48–55, ebenso das schöne Buch von Markus Knapp, Herz und Vernunft – Wissenschaft und Religion. Blaise Pascal und die Moderne, Paderborn 2014, 49–119.

[17] Vgl. Renate Brandscheidt, Art. Herz II. Biblisch, in: LThK^3, Sp. 49.50.

[18] vgl. Leo Scheffczyk, Art. Herz-Jesu-Verehrung II. Systematisch-theologisch und III. Spirituell, in: LThK^3, Sp. 52–54.

gottmenschlichen Liebe“ (Sp. 53). Das Symbol des Herzens ruft zur ganzmenschlichen Verwirklichung der Gemeinschaft mit Gott in Jesus Christus auf. Somit finden wir in dem Motiv des Herzens und näherhin in der Herz-Jesu-Verehrung einen Gesamtausdruck der christlichen „Berufung zur Gottesliebe“ (bei welcher Gott der Erstliebende ist) und zu der auf den Nächsten gerichteten Menschenliebe (Scheffczyk, Sp. 54).

5.2 Zur „theologia cordis" bei Romano Guardini

Das gesamte Werk Guardinis ist vom Motiv des Herzens durchdrungen. Wir erheben die Herzenstheologie anhand dreier einschlägiger Quellen, die etwa zeitgleich entstanden und damit den Gebeten vorausgehen.

Unter dem Titel „Wille und Wahrheit“ erschienen 1933 die „Geistlichen Übungen“. Etwa zeitgleich, im Jahre 1935, veröffentlicht er „Christliches Bewusstsein. Versuche über Pascal“ (mit dem Imprimatur von 1934) und die „Bekehrung des Heiligen Aurelius Augustinus. Der innere Vorgang in seinen Bekenntnissen“. Beide Bücher, die bei Jakob Hegner in Leipzig 1935 erschienen, kennzeichnen in bester Weise die Denkungsart, die Guardini während seines gesamten theologischen Lebens charakterisierte. Es sind die großen Gestalten von Augustinus und Pascal, die hinsichtlich der theologischen Motive als auch des philosophischen Zusammenhangs sich aufeinander beziehen. Sie prägen eine wesentliche theologische Linie auch der Herzensthematik aus.[19]

5.2.1 Das Herzmotiv im Augustinus-Buch

Wie sehr Guardini dem Motiv des Herzens denkend nachgeht, zeigt schon die erste Anmerkung des Herzenskapitel im Augustinus-Buch (Au, 82), in der er auf eine frühe Skizze aus dem Jahre 1927 verweist, die er als Nachwort in der Übersetzung von Felix Kleins Madeleine Sémer 1927 unter dem Titel: „Der Mensch und der Glaube“ (dort S. 279 f.) veröffentlicht hat.[20] Im Augustinus-Buch bindet Guardini die Herzensthematik eng an die Wertethik an, wenn er bekennt, dass das Herz im Grunde wertschätzender Geist sei und dies im Unterschied zum „norm-gehorchenden“ Geist. Das Herz sei das „Organ und der Bereich des menschlichen Ganzen“, Ausdruck der „wert-

[19] Das Augustinus-Buch erschien in einer zweiten Auflage, Leipzig 1950. Wir arbeiten mit dieser zweiten Auflage, besonders mit dem Kapitel „Wert und Herz“, 82–88 (= Au).

[20] Vgl. die Biografie Romano Guardinis, erarbeitet von Hans Mercker 1978, herausgegeben von der Katholischen Akademie in Bayern, Paderborn 1978, 21, Ziffer 240. Diese ersten Skizzen gehen aus einem Beitrag in den Schildgenossen 7, 1927, 161–183, hervor.

antwortenden Innerlichkeit“ (vgl. Au, 82). Den zweiten ethischen Akzent, den Guardini mit der Herzensthematik setzt – Ethik wird als wirklichkeitsgestaltendes Movens gedacht –, wird jetzt verbunden mit einem ästhetischen, denn das Herz setzt eine Beziehung zur Schönheit, sei es in der Natur oder im Kunstwerk. Damit formuliert er den Anspruch von Verbindlichkeit, Wert und Vollkommenheit, definiert gleich im Anschluss, was er unter Schönheit versteht: „die Strenge im Bereich des Werthaften. Ausgang und Träger des Eros als der schätzenden, schönheitsfühlenden und leibbezogenen Geistbewegung; Region im lebendigen Menschen, worin der Eros, Zustand, Organ, Sein ist, ist das Herz“(Au, 82). In kurzem Abstand setzt Guardini immer wieder die zentralen theologischen Motive in Beziehung: Die Frage nach dem Sinn des Daseins, den er in der „beatitudo“, im Glück, findet (Au, 83). Guardini bringt die Wahrheit als „Wesensgesetz und Sinngestalt“ in enge Verbindung mit dem sie interpretierenden und charakterisierenden Wert, der wiederum im Herzen erfahren wird (Au, 83). Insofern weist der Wertbegriff weit über eine rein ethische Denomination hinaus, das Herz ist jeweils die Verbindung zwischen dem Transzendenten und dem Immanenten. Der Mensch selbst ist jeweils auf das je andere der Transzendenz hingeordnet (vgl. Au, 83). In die Herzensproblematik bindet Guardini sein gesamtes theologisches System ein:

Die Allfülle des unendlichen Gottes wird in den endlichen Dingen abgebildet, wobei das Endliche sich wieder zu Gott emporhebt. Stets ist es die Bewegung des Schaffens und des Sinnmitteilens, die sich als Sinnvollzug im geistigen Leben des werterfassenden Herzens, als Rückkehrbewegung zu Gott hin vollziehen (vgl. Au, 84): So ist das Dasein nirgendwo in ein absolutes Draußen preisgegeben, sondern steht als Ganzes in einer objektiven Innerlichkeit. „Es ist von einem Sinn- und Liebesraum umfangen. Dieser Raum ist „Herz“ in einem objektiven Sinne, als Hut des Daseins, als Charakter der Welt, und führt zum Begriff des Herzens Gottes [...] in dem alles Geschaffene bewahrt bleibt [...]. Das Herz im Menschen aber ist jener Raum, jene Gestimmtheit, jene Innigkeit, die auf dieses alles antwortet“ (Au, 85). Mit dem Sich-selbst-Überschreiten gelangt das Ich zum andern und mit diesem Akt findet der Mensch über alle Widersprüche hinweg zu sich selbst (vgl. Au, 85)[21].

Guardini denkt in ähnlicher Intensität wie Maurice Blondel den Gegensatz und Widerspruch, der zwei Generationen vor Guardini mit seinem

[21] Auch an dieser Stelle wird das Gegensatzdenken Guardinis virulent. Vgl. hierzu die schöne Arbeit von Albrecht Voigt, Wirkliche Göttlichkeit oder göttliche Wirklichkeit? Die Herausforderungen der Gegensatzproblematik in Romano Guardinis latentem Gespräch mit Friedrich Nietzsche, Dresden 2017.

Hauptwerk L'Action (1893) den „eingeschlossenen Dritten" zum Thema macht.[22] Das Ganze des Daseins ist vom Sinn- und Liebesraum Gottes umgeben und zeigt sich dem Menschen als Raum objektiver Innerlichkeit (Au, 85). Der Begriff des Herzens Gottes geht aus der Schöpfung hervor, in ihm wird alles Geschaffene zusammengefasst und bewahrt. Der Ruf Gottes erfolgt aus Gottes Herzen. Die Innerlichkeit des Daseins zeigt sich im Herzen selbst als dem Ort der Erfahrung: „Das Schwingende, Eindringende am Sein, die Kostbarkeitsdimension der Wahrheit, die Lichtfreiheit des Wertes – aber auch das, was im Menschen darauf bezogen ist: die innere Berührbarkeit dafür, die selige und schmerzliche Tiefe des Erfahrens, und eben das ist das Herz" (Au, 86). Eine Parallelität zur metaphysischen Dimension der ‚action' bei Blondel ist durch die Bewegung des Herzens naheliegend. Diese Nähe versteht sich mit der Nähe Blondels wie Guardinis zu Pascal. Denn die Bewegung im sich vollziehenden Sein steigert den Grad der Wirklichkeitserfahrung, wie Guardini meint und in seiner eigenen literarisch aussagekräftigen Sprache umschreibt. Der Wert habe „ontische Wärme" und berührt deshalb auch das „tiefste Leben des Herzens" (Au, 86). Das Herz ist jeweils auf die Bewegungen des Seienden im Sein werthaft bezogen, dies durch das liebende Tun im Selbstopfer. Wie bei Blondel versinnbildlicht das Herz den Raum des „eingeschlossenen Dritten", das die Gegensätze, ja sogar den Widerspruch in sich einschließt: „Im Raum des Herzens – des erlösten, rein und frei gewordenen – ist die harte Ausschließung der Sätze von der Identität und vom Widerspruch aufgehoben. Das kalte Eingeschlossensein des Selbst ins Nur-Selbst; das dürre Entweder-oder zwischen dem Selbst und dem andern, richtiger zwischen dem Ich und dem Du ist hier überwunden. Nicht durch Vermischung oder Unklarheit; nicht durch Zauberei oder Trug, sondern durch das schöpferische Geheimnis jenes Lebens, das sich im Dasein Christi, des menschgewordenen Gottes, und in seinem Liebesverhalten zu uns offenbart" (Au, 87 f.). Seine Nähe zu Blondels Charitismus und zum Gedanken des „vinculum substantiale" in Jesus Christus ist an dieser Stelle besonders wirksam[23]. Guardini verweist am Ende seines Kapitels auf die Skizzenhaftigkeit seiner Philosophie des Herzens, die er – wie er sagt – nur in Ansätzen darbieten kann, um die innere Welt von Augustinus zu erhellen.

[22] Vgl. zum gesamten Widerspruchsdenken Maurice Blondels: Peter Reifenberg, Verantwortung aus der Letztbestimmung. Maurice Blondels Ansatz zu einer Logik des sittlichen Lebens, Freiburg 2002.

[23] Vgl. Hubertus Busche, Vinculum substantiale. Leibniz' Reformulierung seiner frühen Hypothese im späten Briefwechsel mit des Bosses, in: Peter Reifenberg (Hg.), Mut zur offenen Philosophie. Ein Neubedenken der Philosophie der Tat. Maurice Blondel (1861–1949) zum 150. Geburtstag, Würzburg 2012, 67 ff.

5.2.2 „Le coeur" im Pascal-Buch

Im wichtigen Buch mit dem bezeichnenden Titel „Christliches Bewußtsein" interpretiert Guardini Pascal in sechs beachtlichen „Versuchen" unter den Stichpunkten: „Das Mémorial – die religiöse Entscheidung im Leben Pascals", dann die Anthropologie im zweiten Kapitel: „Der Mensch und sein Stand in der Wirklichkeit", dann im dritten Kapitel sein Verständnis des Naturbegriffs, im vierten: „Die Verborgenheit Gottes und das Herz" – hier findet sich auch das einschlägige Kapitel über die „theologia cordis", besonders (P, 176–182), dann im fünften Kapitel widmet sich Guardini dem zentralen Motiv des Arguments der „Wette" und stellt diese in einen historischen Zusammenhang mit den Gottesbeweisen, bis er im sechsten Kapitel „Pascals Kampf" thematisiert.

Im Pascal-Buch birgt Guardini seine eigene Hermeneutik der „theologia cordis" ein. Dabei bildet Pascal die Blaupause seiner eigenen „theologia cordis". Am Realsymbol des Herzens erarbeitet Guardini seine Erkenntnislehre gerade auch durch ein Wahrheitsverständnis, das sich in „Vernunft" und „Herz" ausspricht (P, 180). Gleich zu Beginn des Kapitels grenzt er den Begriff des Herzens von Vorurteilen ab, das Herz sei „nicht Ausdruck des Emotionalen im Widerspruch zum Logischen; nicht Gefühl im Widerspruch zum Intellekt; nicht „Seele" im Widerspruch zum „Geist". „Coeur" ist selbst Geist; eine Erscheinungsform des Geistes" (P, 176). Das Herz vermittelt zwischen Emotionen, Leidenschaften und Sinneserkenntnis und der klaren begriffsbildenden Verstandes- und diese überwindenden Vernunftserkenntnis. In der ihm eigenen anschaulich-metaphernreichen Sprache beschreibt Guardini den Zusammenhang zwischen Herz und Geist. „‚Herz' ist der Geist, sofern er in Blutnähe gelangt; in die fühlende, lebendige Fiber des Leibes [...] Herz ist der vom Blut her heiß und fühlend gewordene, aber zugleich in die Klarheit der Anschauung, in die Deutlichkeit der Gestalt, in die Präzision des Urteils aufsteigende Geist. [...] die aus dem Blut in den Geist, aus der Leibgegenwart in die geistige Ewigkeit gespannte Bewegung. Sie ist es, die im Herzen erfahren wird" (P, 177).

Vielleicht überbeansprucht Guardini die Metapher des Herzens, doch seine Intention bleibt klar. Bestimmte Gegenstände gelangen nur im Herzensakt zur Gegebenheit. Da bleiben sie aber nicht in arationaler Intuition, sondern sind „intellektuell-logischer Durchdringung zugänglich" (P, 176). Das Herz spricht als speziell Phänomene der Erkenntnis vermittelndes Organ. Guardini möchte damit jeder frühen Flucht in mystische Akte oder subjektive Gegebenheiten der Wahrheitserkenntnis eine Absage erteilen. „Das Phänomen hängt daran, wie sich Erkenntnis und Wille, Wahrheitserfassung und Liebe – objektiv ausgedrückt: wie sich Wesen und Wert zueinander verhalten" (P, 176 f). „‚Wert' ist der Kostbarkeitscharakter der Dinge" (P, 176 f.). Die Herzenserkenntnis verleiht Mensch wie Ding Würde und Wert und antwortet auf die Werterfahrung (vgl. P, 177). Damit gewinnt die Frage nach dem Herzen den wertethischen Aspekt, während der „esprit de finesse" die Fähigkeit des Menschen darstellt, das Konkrete „in seiner Besonderheit zu erfassen" (vgl. P, 179, vgl. P, 35). Das Herz (coeur), „die Einheit der Akte, welche die Werte erfahren und aneignen", also auf der einen Seite eine die Erkenntnis fundierende „Gegenstandserfassung", welche innerhalb der Logik Platz findet, auf der anderen Seite das Herz, das Werte erfassend nicht ein rationales Fühlen darstellt, sondern eine wichtige Werterfahrung, die ihrerseits wiederum die „Erkenntnis im eigentlichen Sinne begründet" und somit eine in der Gnoseologie höchststehende „Logik des Herzens" entfaltet (vgl. P, 35.36). Während der Wert die „innere Sinn-Bewegtheit des Seins" (P, 178) zum Ausdruck bringt, ist das Herz das Zentrum, durch das die Bewegung der Liebe freigesetzt werden kann (vgl. P, 178). Guardini denkt auch hier vertikal, denn das Organ für das Sein erschließt sich nur von oben her und wird dann zum Organ „der erfüllenden und heilgebenden Heiligkeit Gottes" (P, 179). Als Organ des „esprit de finesse" (P, 179.35) bewahrt das Herz das Denken vor einseitigen Abstraktionen, bleibt geschmeidig und biegsam, das Innere durch das Äußere erschließend und damit Erlösung ermöglichend (vgl. P, 179).

Im Herzen kommen die ersten Axiome des Denkens zur Anschauung, sodass das Herz einer transzendental-apriorischen Form möglichen Erkennens und emotionalen Wachsens gleichkommt (vgl. P, 180 mit Fr, 282). Immer wieder lehnt Guardini seine einseitige Interpretation des Herzens in Richtung einer emotionalen Subjektivität oder einer Unkontrollierbarkeit des Gefühls ab und betont die geistig-objektive Evidenz sowohl des „esprit de finesse" als auch des „coeur". Insofern ordnet er das Wort Pascals ein, das Herz habe Gründe, welche die Vernunft nicht kennt (vgl. P, 180, auch mit Anm. 1) und stößt auf den Kern der Voraussetzung der Erkenntnis, wenn er im Sinne Augustins und Platons behauptet: „Erkenntnis setzt Liebe voraus" (P, 181). Diese Liebe wird nicht abstrakt, sondern wird auf den Wertanruf reaktiv tätig. Liebe, Wert und Freiheit werden von Guardini zusammengedacht: Die initiative Bewegung der Liebe richtet sich auf Freiheit hin, wobei der Wert eine Stellungnahme erforderlich macht und beide in ein ethisches Tun führen. Das eigene Wollen hat unter das Wollen Gottes zu treten, um nicht der Sünde zu verfallen (vgl. P, 182). Es ist gerade wichtig im Hinblick auf die allen Entscheidungen vorangehende Herzenserkenntnis. „So ist „Coeur" bei Pascal das Organ für den Wertcharakter des Seins" (P, 178 f.), aber nur – Guardini denkt wieder ganz vertikal –, wenn es sich „von oben her, aus der Offenbarung erschließt" (P, 179). Das Herz zeichnet sich dann dadurch aus, dass es sich als transzendente Macht über alle Widersprüche hinweg und über sich selbst hinaus zu erheben vermag, quasi als eingeschlossener Dritter (vgl. Maurice Blondel: „le tiers inclus") zu erheben vermag. Als Ort der Entscheidung kann das Herz auch das Nein zum Wert und zu Gott sprechen, wenn der Mensch selbstbezogen auf seiner Autonomie beharrt und damit der Sünde Vorschub leistet (vgl. P, 182). Denn, wenn der Mensch die Werte, die unverrückbar von Gott gegeben sind, in die Gestalt der Autonomie fasst, werden sie „zu Werkzeugen der Empörung gegen Gott" (vgl. P, 182). Das In-sich-selbst-stehen-Wollen und der radikale Selbstbezug verkörpern die am wenigsten entschuldbare Sünde, die im Anspruch der Autonomie wurzelt. Ein Ansatz, der im Blick auf die neueren, die Autonomie des Menschen betonenden Entwicklungen innerhalb der Philosophie und Theologie auch umstritten ist. Das Herz wird in die Nähe des Gewissens gerückt, in dem der Mensch Gott begegnen kann (P, 182). Die Herzkraft hat wachsam und gehorsam gegenüber dem Transzendenten zu sein, selbstlos und freigebend. Guardini bindet das Herz jeweils an den Raum der Offenbarung (P, 183).

5.2.3 „Herz" in den Theologischen Gebeten

In den Theologischen Gebeten entspricht diesem das zuvor im Augustinus- wie im Pascal-Buch allgemein gezeichneten Bild der Symbolkraft des Herzens. Es ist ein empfangendes Herz des Beters, das durch Gott zu sich selbst kommt (G, 7). Es zeigt sich einverstanden mit der Wahrheit Gottes (G, 12) und empfängt in seiner Offenheit die Gnade Gottes (G, 17). Gott lehrt den Menschen, nach ihm und seiner Wahrheit im Herzen zu suchen (G, 18.19). Das unbestechliche (G, 19), fragende (G, 20) Herz lebt in der Freude Gottes (G, 27). Somit ist das Herz des Beters inniglich von Gott berührt (G, 28). Während das Herzgeheimnis „des Lebens Gottes" verborgen geblieben ist, ist es im Antlitz Jesu Christ der Erkenntnis des Beters zugänglich: „„Niemand, Vater, hat Dich je gesehen; nur der einziggeborene Sohn, der an Deinem Herzen war, hat uns Kunde gebracht"" (G, 30). Des Menschen Herz wartet auf die Botschaft von der Erlösung (G, 32). Gott aber hat das menschliche Schicksal an sein Herz genommen und in Jesus unser Dasein in sein Herz eingeschlossen (G, 35). Dem Heiligen Geist obliegt es, das Herz zu der Treue des Glaubens zu führen und es von Gottes Liebe zu überzeugen (G, 40). In dieser Liebe wird die Hoffnung im Herzen lebendig, auf die Freiheit und die Herrlichkeit der Kinder Gottes hin zu leben (G, 40). Dies gelingt aber nur, wenn das selbstsüchtige, müde und törichte Herz der Welt (G, 40) auf Gottes Wahrheit hin überwunden wird und der Heilige Geist im Herzen Zeugnis gibt von dieser Wahrheit (G, 44). Dem Beter wird einsichtig, dass das Hinsprechen des Gebetes Ausdruckshandlung des Glaubens ist, „daß mein Wort, Dein Herz findet, auch wenn nichts zu antworten scheint" (G, 50). Der Beter wiederholt immer wieder die Bitte: „Laß mich Deines Herzens innewerden und in Deiner Liebe geborgen sein" (G, 50). Aus dem Realsymbol des Herzens erwächst das lebendige Gebet. Es sieht vom Beter selbst ab, ist heiliger Dienst und nicht Bedürfnis (G, 49). Selbst wenn wir ins Stumme zu beten meinen und keine Antwort bekommen (G, 49), schuldet der Beter zur Ehre Gottes diesen „heiligen Dienst" (G, 49). Mit dem Realsymbol des Herzens ist die Spur zur Transzendenz Gottes gelegt und die Bitte um Klarheit formuliert.

6. Mensch und Gott, oder: Jakobs Kampf mit Gott

Mit der Miniatur „Jakobs Kampf mit Gott" veröffentlicht Guardini im Mai 1932 in den Werkheften junger Katholiken einen beeindruckenden Text, der bestens in den Kontext der Gebete hineinpasst und der zeigt, wie Guardini durch eine geschickte Bibelhermeneutik das gesamte Gott-Mensch-Verhältnis zum Ausdruck bringt und damit auch seine anthropologischen Grundlinien zieht[24], ein in Prosa gefasstes Gebet. Mit einer kurzen Reflexion über diesen wertvollen Text beenden wir unsere Überlegungen.

Die Bibelhermeneutik von Genesis 32,23–33 taktet auf mit der Wiedergabe der Perikope in einer Guardini eigenen Sprache. Offenbar hatte diese Auslegung einen konkreten Sitz im Leben in der Jugendbildung der Burg Rothenfels und ging offensichtlich aus einer Predigt hervor. Wie bringt Guardini diese Perikope zum Klingen? Worin sieht er die glaubens- und lebensfördernden Motive der Perikope?

Selbst wenn man zunächst ratlos vor dem geheimnisvollen Kampf Jakobs mit dem „Mann" steht, fühlt man, dass das Ereignis in einem besonderen Licht „heiligster Wirklichkeit" geschieht. Der Text weist stets über das menschlich Erkennbare hinaus in eine besondere Tiefenerfahrung. Im Kampf selbst spielt sich ein „Ineinander von Übermacht und Schwächer-Sein" (S. 2) ab, obwohl der geheimnisvolle Mann Jakob nicht besiegen kann, paralysiert er ihn dennoch durch einfache Berührung an der Hüfte. Der Lohn des Kampfes ist ein neuer Name, den der verborgen Unerkannte Jakob am Ort der Gottesbegegnung gibt. Die Namentlichkeit[25] spielt ausgehend von Eugen Rosenstock-Hussey auch bei Guardini eine wesentliche Rolle und

[24] Romano Guardini, Jakobs Kampf mit Gott, in: Werkhefte junger Katholiken, Frankfurt am Main, (Mai 1932), H. 8, 2–3. Vgl. auch Guardini Bibliografie, 34, Ziffer 374.

[25] Peter Reifenberg, Situationsethik aus dem Glauben, 238–252.

bezeichnet das entscheidende Wesensmerkmal, ja die Identität des Menschen vor Gott („daß er ‚Einer' werde vor seinem Schöpfer" [S. 2]).

Der Segen des Geheimnisvollen verleiht dem Benannten den Sinn und die Kraft des Lebens und ermöglicht dem Menschen einen Erfahrungs- und Erkenntnisgewinn ohnegleichen durch das Angesicht-Sehen Gottes: „Denn jetzt geht ihm die Sonne auf"(S. 2). Der Kampf ist auch ein Kampf um die Wirklichkeitserkenntnis, um die Glaubenserfahrung und um das Erkennen Gottes, die als einziger Akt gesehen werden und eine nicht zu übertreffende tiefe Gotteserfahrung begründen. Der Mensch gewinnt Lebenskraft und Wirkmächtigkeit durch den Kampf des Lebens um den Segen, wird Auserwählter vor Gott, ohne dessen Allmacht zu schmälern.

Die Aussage ist stark: Gott will sein Geschöpf als durch die Vernunftbegabtheit ringendes im Lebenskampf: „Als Kämpfer und Ueberwinder will Gott den Menschen, sein Geschöpf" (S. 2). In einer unübertroffen schönen Sprache deutet Guardini die Stelle aus und beschreibt, was an Jakob geschehen ist: „Er war einer jener Großen, die Menschen waren voll Erdenkraft, die aber mit Gott umgingen. Weltmächtig, von dichtester Wirklichkeit, und zugleich vom Geheimnis Gottes umgeben. Er war ein Auserwählter; an ihm wird aber etwas offenbar, das für uns alle gilt". (S. 2)

Man muss sich vor Augen halten, dass Guardini vor jungen Menschen im Jahr 1932 spricht und ihnen damit in einer politisch äußerst bedrängten Zeit Mut, Gelassenheit und Weisheit zuspricht. In Freiheit geschieht das Ringen mit der Gottesfrage: „… dem Menschen ist gesetzt, ein Freier zu sein" (S. 2). Gott will den Menschen stark und entschlossen als seinen Partner sehen, dass er einer werde vor ihm selbst, seinem Schöpfer. Allenthalben macht Guardini fühlbar, dass er selbst mit dem Problem der Freiheit ringt. Freiheit ist – frei nach Anselm von Canterbury – „Allmacht unter Gott". Die Weise des Kampfes ist nach Guardini eine „Liebeserprobung". Die Macht des Schöpfers wird in der Gestalt der Liebe gezeigt. Gottes Macht kommt in Liebe und verwirklicht sich in den Alltagserfahrungen des Menschen. Sie „kommt in der Gestalt der Liebe, die verlangt, überwunden zu werden, auf daß sie sich schenken könne" (S. 3).

Die Tiefe des Geheimnisses Gottes erfährt der Mensch nicht in vollem Umfang; er verlangt jedoch nach ihm, was seine Würde und mit dem Widerstand der „Unverstehenden", denen Gott mit Segen, Antlitz-Sehen, Begegnung und Namensgebung belohnt. Solange der Mensch auf der Wanderschaft ist, bleibt Gottes Name verdeckt und von Rätseln umgeben, genauso wie sich Wirklichkeit als Schöpfung zeigt. Und dennoch bleibt Hoffnung und Zuversicht, Gottes Angesicht schauen zu können, da in allen Weltdingen selbst Gott darin ist. Diese Bewegung kennzeichnet den Glauben, der heißt: „Ausharren im Schwebenden des Daseins" (S. 3). Trotz vieler

Dunkelheiten des klaren Erkennens: „Wie oft muß man Gott richtig herausglauben aus der Vieldeutigkeit, aus der Wirrnis, aus der Sinnverlassenheit des Daseins; immer neu, wenn auch der Verstand irre wird, [...] und das Herz müde wird" (S. 3). Das Geschenk Gottes zeigt sich als Liebesprobe im ringenden Kampf mit ihm. Guardini fordert seine Hörer und Leser auf, das Bild des Einsamen in dunkler Nacht (ein Motiv, das auch in Blondels Action eine wichtige Rolle spielt[26]) mitten ins Leben hinein zu reintegrieren. Dies geschieht nicht auf die Weise des Begreifens, sondern auf die Weise des tiefen Erfahrens eines Mächtigen im alltäglichen Tun. Hier begegnet man keiner Satzwahrheit, sondern einer lebendigen Begegnung und einem tiefen Erfahren des Menschen, dem die Kenntnis in einer umfassenden Weise zuteilwird, sodass ihm die Sonne, die Lebenserfahrung, die Erkenntnis der Wirklichkeit, der Glaube aufgehen. Aus diesem beschriebenen Leben heraus erfährt der Mensch Stück um Stück die Sensibilität und Wirklichkeit Gottes. Wir finden in diesem knappen Text ein sprachlich und inhaltlich gefülltes Kleinod, das die gesamte Theologie Guardinis zum Klingen bringt und den Beter der Theologischen Gebete vor den persönlichen Gott stellt.

7. Beschluss: „Das Gebet, die gute Ewigkeit" oder: „Gottes Zeit ist die allerbeste Zeit"

Heute wird die Frage nach dem Sinn oftmals isoliert gestellt, das heißt, ohne nach der Vollendung und Bestimmung des Menschen zu fragen. Die Theologischen Gebete von Romano Guardini thematisieren nicht nur die Vorsehung (G, 43–45), sondern auch als letztes Gebet „Die gute Ewigkeit" (G, 52–53). Mit diesem Gebet, das sehr stark an den „actus tragicus" von Johann Sebastian Bach aus dem Jahr 1707 erinnert, schließen wir unsere Überlegungen:

Gottes Zeit ist die allerbeste Zeit, denn die Zeit des Menschen ist nicht nur der Begrenzung unterworfen, sondern Glück und Leid liegen immer eng zusammen. Der Zerfall und die Vergänglichkeit liegen über dem Leben des Menschen, wohingegen Gottes Zeit Not und Ende nicht kennt, weil personale Nähe, Stille, Liebe und Frieden zwischen Vater, Sohn und Geist das reine Leben prägen. Sind wir unablässig auf der Suche nach Heimat, so

[26] Vgl. Maurice Blondel, L'Action (1893): „Nicht als müßten wir uns mit einer undefinierbaren Ahnung vom Geheimnis zufriedengeben, als dürften wir keinerlei Hoffnung hegen, je denkend etwas von ihm zu erfassen [...] Ohne seinen Namen und sein Wesen zu kennen, können wir sein Nahen ahnen und spüren, wie es uns anrührt – wie einer im Dunkel der Nacht die Schritte seines nahenden Freundes hört und seine Hand streift, und ihn doch nicht erkennt" A (340) 374/365/440).

finden wir sie biblisch gesehen nicht auf Erden (Phil 3,20), sondern nur in Gottes Liebe, aus der Christus zu den Menschen kam. Die Vollendung der Zeit zeigt durch Christus die eigentliche Heimat. Die Gebetsbitte kreist um das Bewusstsein, das Verlangen nach Erfüllung nicht zu verlieren und entsprechend Maß und Sinn im Alltag zu halten und beständig nach dem Sinn zu fragen, um das Gemüt stets „vom Hauch seiner Ewigkeit berührt sein" zu lassen. Die Gebetszusage trägt eine tiefe Zuversicht in sich: „Gottes Zeit ist die allerbeste Zeit, weil die Ewigkeit gut ist. In Ihm leben wir und sind wir, solange Er will. In Ihm sterben wir zur rechten Zeit, wenn Er will" (Actus tragicus, J. S. Bach).

Nachweis der Erstveröffentlichungen

Karl Kardinal Lehmann, Romano Guardini und Mainz (1885–1968). Skizze einer schwierigen Geschichte, in: Claus Arnold / Christoph Nebgen, Lebensbilder aus dem Bistum Mainz, Bd. 2. Vierzehn Porträts (= Neues Jahrbuch für das Bistum Mainz 2017). Mainz, Würzburg 2017, 227–241.

Marius Reiser, Die Gestalt Jesu bei Romano Guardini und der historische Jesus, in: Ders.: Die Autorität der Schrift im Wandel der Zeiten. Studien zur Geschichte der biblischen Exegese und Hermeneutik. Fohren-Linden 2016, 167–185.

Karl-Heinz Wiesemann, Die Grenze als Ort der Gottesbegegnung. Romano Guardini als Grenzgänger und Schwellengestalt, in: Hans Maier /Arno Schilson / Hermann Josef Schuster (Hg.): Guardini weiterdenken II. Schriftenreihe des Forum Guardini, Bd. 8, Berlin 1999, 191–199.

Autorenverzeichnis

Hanna-Barbara Gerl-Falkovitz, geb. 1945, Dr. phil., Prof. em. für Religionsphilosophie und vergleichende Religionswissenschaft, TU Dresden.

Jean Greisch, geb. 1942, Dr. phil., Prof. em. für Philosophie am Institut Catholique de Paris. 2009–2012 Inhaber der Guardini-Professur für Religionsphilosophie und Katholische Weltanschauung an der Humboldt-Universität zu Berlin.

Karl Kardinal Lehmann, geb. 1936, gest. 2018, Bischof em. von Mainz. Guardini-Preisträger 2014.

Peter Reifenberg, geb. 1956, Dr. theol., Prof. für Moraltheologie, Direktor des Tagungszentrums und der Akademie des Bistums Mainz, Erbacher Hof, Mainz.

Marius Reiser, geb. 1954, Dr. theol., Prof. em. für Einleitung und Exegese des Neuen Testaments, Mainz.

Peter Schallenberg, geb. 1963, Dr. theol. Prof. für Moraltheologie und Ethik an der Theologischen Fakultät Paderborn. Direktor der Katholischen Sozialwissenschaftlichen Zentralstelle (KSZ) in Mönchengladbach.

P. Kosmas Lars Thielmann OCist, geb. 1966, Dr. theol. Prof. für Moraltheologie, Studiendekan der Phil.-Theol. Hochschule Benedikt XVI. Heiligenkreuz.

Karl-Heinz Wiesemann, geb. 1960, Dr. theol., Bischof von Speyer.